스토리 시장경제 ❺

세계화, 열린사회로 가는 길

스토리 시장경제 ❺

세계화, 열린사회로 가는 길

초판 1쇄 발행 | 2014년 10월 27일
초판 4쇄 발행 | 2016년 6월 1일

지 은 이 | 최승노
발 행 인 | 김영희

기획·마케팅 | 권두리
정리·구성 | 금현
편집·디자인 | 한동귀

발 행 처 | (주)에프케이아이미디어 (*프리이코노미스쿨*)
등록번호 | 13-860호
주 소 | (07320) 서울특별시 영등포구 여의대로 24 FKI타워 44층
전 화 | (출판콘텐츠팀) 02-3771-0434 / (영업팀) 02-3771-0245
팩 스 | 02-3771-0138
홈페이지 | www.fkimedia.co.kr
E - mail | drkwon@fkimedia.co.kr
I S B N | 978-89-6374-083-6 03320
정 가 | 10,000원

이 도서의 국립중앙도서관 출판예정도서목록(CIP)은 서지정보유통지원시스템 홈페이지(http://seoji.nl.go.kr)와
국가자료공동목록시스템(http://www.nl.go.kr/kolisnet)에서 이용하실 수 있습니다.(CIP제어번호: CIP2014027066)

세계화,
열린사회로 가는 길

더 넓은 세상을 향한 열정과 도전정신

최승노 지음

프리이코노미스쿨

소치올림픽에서 또 한 번 금메달을 거머쥐며 대한민국의 위상을 높인 이상화 선수를 비롯해 멋진 활약을 보여준 이규혁, 이승훈 선수 등 스피드스케이팅 선수들이 화제였다. 그런데 스피드스케이팅 종목에서 대한민국 선수들 못지않게 화제가 되었던 국가가 있다. 바로 네덜란드다. 네덜란드는 스피드스케이팅을 처음 시작한 역사적 전통이 있는 국가답게 소치올림픽 스피드스케이팅 종목에서만 6개의 금메달을 따냈다. 인기 스타인 스벤 크라머는 또 한 번 올림픽 신기록을 달성했고 네덜란드는 자국 선수들끼리 경쟁하는 진기한 광경을 보여주기도 했다.

이처럼 네덜란드가 스피드스케이팅 강국이 된 데에는 스피드스케이팅이 시작된 전통이 깊은 국가라는 점 외에도 신체적, 지리적 조건이 좋다는 점도 작용한다. 네덜란드 성인 남녀의 평균 키는 대략 185cm, 169cm라고 한다. 또한 네덜란드는 운하가 길게 뻗어 있는데, 겨울에는 이 운하가 꽁꽁 얼기 때문에 자연스럽게 스케이트장으로 바뀐다는 것이다. 이러한 환경 속에서 '스케이트 마라톤 대회'도 100년 넘게 이어져 오고 있다.

　하지만 네덜란드에서 스피드스케이팅이 지속해서 발전할 수 있었던 가장 큰 원동력은 자국 선수들끼리 꾸준히 경쟁을 해왔다는 것이다. 네덜란드 사람들은 이미 13세기 초부터 얼어붙은 강 위를 이동하기 위해 신발에 뼈를 붙여 타고 다닌 것을 시초로 스케이팅을 즐겨왔고, 스케이팅 경주 대회가 상당히 많으며 시설도 잘 되어 있어 그만큼 실력자가 많아 경쟁할 선수가 많다. 그런 까닭에 네덜란드 스피드스케이팅 국가대표 선발전은 세계에서 가장 통과하기 어려운 수준 높은 선발전이다. 이러한 치열한 경쟁 속에서 서로가 서로를 자극해 시너지 효과를 내는 것이다.

　이처럼 네덜란드는 이미 그 자체로도 역사적 전통을 지닌 스피드스케이팅 강국이지만, 스피드스케이팅이 올림픽 종목으로 채택되어 네덜란드 선수들끼리뿐 아니라 전 세계적으로 다른 국가의 선수들과 경쟁하지 않았다면 지금처럼 눈부신 발전을 이룰 수 있었을까? 비록 열악한 환경이긴 하지만 대한민국에서도 스피드스케이팅 금메달이 나오고 좋은 성적을 거둘 수 있게 된 것은 올림픽을 통한 전파와 개방이 있었기 때문이다.

개방이 이뤄지지 않으면 경쟁도 없고, 경쟁이 없다면 발전도 없다. 경제도 마찬가지이다. 문명의 발달은 시장의 확대와 함께 진행됐으며, 개방과 함께 경제적인 발전도 이뤄지기 시작했다. 개방을 막거나 미룬 국가들은 상대적으로 경제발전이 더디게 이뤄지거나 경제적으로 쇠퇴하는 국가가 되고 말았다. 반면에 일찌감치 시장을 개방하고 무역을 행한 국가들은 눈부신 경제발전을 이룩하여 선진국 대열에 올라서는 길을 개척했다.

21세기에도 여전히 개방과 경쟁을 멀리하고 반세계화를 외치는 목소리가 있다. 경쟁과 세계화로 인한 부작용은 있을 수 있지만 경쟁으로 인한 시너지효과는 엄청나다. 어떤 상황이든 경쟁은 불가피한 것이며 제대로 된 경쟁은 항상 긍정적인 결과를 가져온다. 스포츠 역시 올바른 경쟁을 통해 탄생한 것이며, 올림픽 경기에서 국가 간 경쟁과 금·

은·동메달이라는 경쟁을 유발하는 동기가 없다면 선수들은 그만큼 멋진 경기를 보여줄 수 없을 것이다. 경제 역시 마찬가지라서 개방과 경쟁을 통해서 멋진 결과물을 얻어 낼 수 있는 것이다.

대한민국은 시장경제를 통해 잘살게 되었다. 특히 세계에서 가장 빠른 성장을 이룬 데에는 개방화와 자유무역이라는 성공요인이 있었다. 교류를 넓혀 성공하는 이 같은 방식은 세계 대부분의 나라에서 있어 왔다. 무역이 활발했던 해양세력은 지중해, 대서양을 통해 그 문명을 확대했고, 나아가 전 세계를 하나의 글로벌 시장으로 묶는 데 성공했다. 자유무역을 중시한 대한민국, 홍콩, 싱가포르, 대만은 아시아의 네 마리 용이라 불릴 정도로 빠르게 성장했다. 이를 본받은 중국 역시 개방화를 통해 세계의 공장으로 우뚝 설 수 있었고, 다른 아세안 국가들도 성장하기 시작했으며, 브라질, 인도, 러시아도 가세했다. 최근에는 아프리카의 일부 나라들이 20%의 높은 경제성장을 보이기 시작했다.

세계화는 빨리 받아들일수록 그 나라 국민에게 축복이다. 이를 장기간 거부했던 중국, 인도가 뒤늦게 개방 노선을 택한 것은 그 나라 국민에게 그나마 다행스러운 일이지만 여전히 선진국이 세계화를 통해 후진국을 착취한다며 비판하는 세력도 있다. 이들은 남미, 아프리카, 북한 등 사회주의 국가 수준에서 사고가 멈춘 듯하다. 특히 반세계화 투쟁을 선도해 온 쿠바, 베네수엘라, 북한 등 각국의 독재자들은 권력을 유지하기 위해 세계와의 교류를 차단하고 국민을 국경 안에 가두어 왔다. 반자본주의, 반세계화, 반미운동이 정치적으로 성공을 거둔다는 것은 그만큼 국민을 가두고 삶을 피폐하게 만드는 데 성공했다는 뜻이기도 하다.

이제 폐쇄주의 시대는 갔다. 개방의 시대가 왔으며 세계화는 빠른 속도로 확산되고 있다. 자유시장경제의 발달은 모든 국가의 경제발전에 이바지하고 있다. 앞으로 우리나라가 개방과 경쟁을 지속해 간다면, 곧 세계화 속에서 눈부신 경제발전을 이루는 대한민국을 보게 될 것이다.

이 책에서는 개방을 통해 경제성장을 이뤄낸 나라들의 이야기를 담았다. 자유무역과 세계화를 통해 자유가 확산되는 사례를 조명하고자 하였다. 이 책은 스토리 시장경제 시리즈 가운데 하나로 5권에 해당한다.

차례

제 1 장

문명과 시장은 동반 성장한다

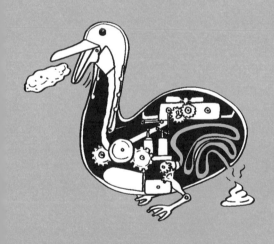

함무라비 법전으로 본 상업의 탄생

경제는 제로섬 게임이 아니다

산업혁명은 장사꾼의 나라에서 일어났다

넓어지는 세계, 커져가는 가능성

세상이 평평해지고 인류의 영역이 확장되고
사람들 사이의 교류가 확대되면 시장도 함께 발달한다.
시장은 문명과 함께 성장했고 그렇게 성장한 시장은
다시 문명의 성장을 촉진했다.

함무라비 법전으로 본
상업의 탄생

함무라비 법전

    함무라비는 기원전 18세기, 즉 지금으로부터 약 3,800
년 전에 살았던 바빌로니아의 왕이다. 바빌로니아는 오늘
날 이란, 이라크 지역에 위치했는데 그는 여기에서 강력하
고 중앙집권적인 제국을 만들었다. 가도와 운하를 정비하
고 수도 바빌론을 중심으로 달력, 언어, 종교를 통일하는
등 거대한 제국을 유지하기 위해 다양한 시도를 한 것이다.

    하지만 함무라비가 현대인들에게 친숙한 건 그의 제
국보단 그가 남긴 법전 덕분이다. '눈에는 눈, 이에는 이'라
는 경구로 유명한 함무라비 법전은 고대 바빌로니아 문명
의 정수로 메소포타미아 전역에 걸쳐 함무라비 사후 거의

1,000년간 시행됐다.

그의 법전은 전체 282개 조항으로 구성돼 있는데 가족, 군사, 노예, 농업, 범죄, 상거래, 상속, 재판, 주택, 직업, 혼인 등 다양한 영역을 포괄하고 있다. 흥미로운 점은 고대의 법전치고는 드물게 상거래 조항이 상세하고 진보적이었다는 것이다. 넓게 보면 경제와 관련된 조항이 전체 법전의 절반에 육박한다.

함무라비 법전에 기록돼 있는 주요 경제 관련 조항을 살펴보면 다음과 같다.[1]

8조 사람이 소, 양, 나귀, 돼지 등을 훔쳤다면 그 값의 열 배를 변상해야 한다. 변상할 돈이 없다면 사형에 처한다.

42조, 48조 사람이 농지를 빌렸을 땐 설사 이를 경작하지 않았다고 하더라도 지대를 납부해야 한다. 단 수재나 한재를 당한 경우에는 그렇지 아니하다.

53조 사람이 둑의 보수를 게을리해 둑이 터져 타인의 농지, 과수원, 목장이 침수됐다면 그는 타인의 망가진 곡물 등에 대해 변상해야 한다.

122조, 123조 사람이 타인에게 어떤 물건을 맡기고자 한다면 증인을 세우고 계약서를 쓴 뒤 맡겨야 한다. 증인과 계약서 없이 물건을 맡겼는데 수탁자가 부인하는 경우 청구권은 없다.

245조 사람이 소를 빌렸는데 그게 부주의로 죽으면 빌린 소에 상당하는 소로 변상해야 한다.

273조 사람이 일꾼을 고용하면 농번기인 4~8월까진 하루에 은 6그레인을, 나머지 기간엔 은 5그레인을 지급해야 한다.

277조 사람이 60톤짜리 배를 빌린다면 하루에 6분의 1세겔을 지급해야 한다.

법전 편찬은 문명활동의 바로미터다. 사람들이 무리 지어 살면서 생기는 갈등을 조정하려면 구성원 모두가 동의할 만한 규칙이 필요하다. 그 규칙이 바로 법이고 여러 법과 판례를 한데 묶으면 법전이 되는 것이다. 함무라비 법전 역시 282개 조항이 모두 판례 사안인 판례법전이다.

법에는 민법, 형법, 상법, 소송법 등 여러 분야가 있다. 이 중 상거래를 규정하는 상법만큼 세심한 주의가 필요한 분야는 또 없다. 형법은 '눈에는 눈, 이에는 이'처럼 한두 개의 강력한 규정만으로도 충분할 수 있지만, 상법은 아무리 초기 문명사회라고 해도 그렇게 투박해선 곤란하다. 함무라비 법전의 절반가량이 경제 관련 조항인 건 그래서 놀랄 일이 아니다. 시장에선 대개 큰돈이 오가는 만큼 일반 민사 분쟁에 비해 훨씬 정교한 갈등 조정 기법이 필요하다.

법률, 사유재산 그리고 상업의 탄생

함무라비 법전의 내용을 찬찬히 살펴보면 경제와 관련된 거의 모든 조항에서 사유재산 개념이 전제돼 있다는 걸 알 수 있다. 타인의 재산을 훔쳤을 때 그 값의 열 배를 변상해야 한다는 것이나 빌린 소가 죽으면 그 소에 상당하는 소로 변상해야 한다는 조항이 그것이다.

하지만 바빌로니아에서 재산권의 보호는 단지 소유권의 귀속을 따지는 수준을 넘어 임대차에 따르는 재산상의 이익을 규정하는 데까지 나아갔다. 농지를 임차했을 땐 설사 경작하지 않더라도 지대가 발생한다고 본 것이나 배를 빌리고 난 뒤에 요율을 규정한 조항이 그렇다.

사유재산을 중시하는 건 고대 문명권에서 공통적으로 나타나는 현상이다. 함무라비 법전의 영향을 받은 로마의

12표법은 채권·채무, 상속, 재산권, 부동산 등의 규정이 상세했던 것으로 알려져 있다. 멀리 갈 것 없이 우리 고조선의 8조법에도 사유재산제가 규정돼 있는데 '타인의 물건을 훔친 자는 노비로 삼는다. 단 변상하려는 자는 50만 전을 내야 한다'라는 조항이 그렇다.[2] 고조선에 뒤이은 부여에선 1책 12법이라고 하여 훔친 물건 값의 열두 배를 변상하게 했다.[3] 함무라비 법전에서 살펴본 열 배 변상과도 일맥상통하는 대목이다.

바빌로니아와 고조선은 둘 다 신화시대와 역사시대가 중첩될 만큼 오래된 나라들이다. 그런데도 그들의 법에 사유재산 제도가 기록돼 있다는 건 물질적 풍요에 대한 인간의 욕구가 그만큼 뿌리 깊다는 방증이다. 문명과 법률, 상거래와 사유재산은 무엇이 먼저랄 것도 없이 거의 동시에 서로 영향을 주고받으며 발전해 왔다. 이를 두고 독일의 오스트리아학파 경제학자인 한스-헤르만 호페Hans-Hermann Hoppe는 "인류의 문명과 번영의 궁극적인 원천은 민주주의가 아니라 사유재산, 생산 그리고 자발적 교환에 있다"라고 꿰뚫어본 바 있다.[4]

문명의 발달은 법률을 정비할 필요성을 낳았고 그렇게

만들어진 법전은 상업의 발달과 궤를 같이 했다. 상업은 발달하면서 사유재산 등 사법私法 수요를 폭증시켰고 점점 더 정교해진 법 집행은 다시 상업의 발달을 촉진했다. 멀게는 로마가 남긴 12표법에서 가깝게는 고조선의 8조법에 이르기까지 모두 그런 과정을 거쳤다. 함무라비 법전을 통해 메소포타미아 지역은 경쟁관계에 있던 이집트 문명에 비해 상업과 교역이 훨씬 더 활발한 보다 개방된 사회구조를 형성할 수 있었다.

경제는
제로섬 게임이 아니다

"영화는 제로섬 게임이 아니야"

박중훈은 대한민국 사람이라면 누구나 다 아는 국민배우다. 하지만 영화감독으로도 데뷔한 이력이 있다는 건 그다지 잘 알려지지 않았다. 그는 2013년 영화 〈톱스타〉의 연출을 맡으며 영화감독으로도 이름을 알린 바 있다. 영화의 내용이 톱스타의 자리에 있다가 좌절을 겪고 다시 재기에 성공하는 박중훈 본인의 인생사와도 비슷해 한동안 세간의 화제가 됐다.

재미있는 건 〈톱스타〉가 발표된 것과 비슷한 시기에 영화배우 하정우가 연출한 영화 〈롤러코스터〉도 개봉했다는 것이다. 두 정상급 '톱스타'가 앞서거니 뒤서거니 영화

감독으로 데뷔한 이유 때문에 두 영화는 자연스레 비교 대상이 됐다.

영화 홍보를 위해 부산국제영화제를 찾은 박중훈에게 기자가 그런 비슷한 질문을 던진 모양이었다. 공교롭게도 〈톱스타〉와 〈롤러코스터〉는 부산국제영화제에 둘 다 초청받은 상황이었다. 두 영화를 비교하는 질문이 안 나올 수 없는 터에 데뷔한 지 30년에 가까운 노련한 베테랑은 이렇게 답했다고 한다.

"하정우는 재능 있는 친구인데 영화 〈롤러코스터〉에서 그 재능이 과연 없어졌을까요? 저와 하정우가 감독을 한다고 해서 화제가 됐는데 똑같은 처지에 있는 분이 있으니 더 좋습니다. 영화라는 건 제로섬 게임이 아닙니다. 관객들은 영화가 둘 다 좋으면 둘 다 보고 둘 다 나쁘면 둘 다 보지 않으니까요. 멋진 후배 하정우에게 격려의 말을 전하고 싶습니다."

경제도 제로섬 게임이 아니다

박중훈의 말처럼 영화는 제로섬 게임이 아니다. 관객들은 좋은 영화가 많으면 많이 보고 별로다 싶으면 보지 않는다. 영화 대신 연극이나 뮤지컬을 볼 수 있고 책을 볼 수도 있다. 여행을 가거나 친구와 술을 마실 수도 있다. 여가 시간을 보내는 방법은 정말 다양하다. 정 할 게 없으면 집에서 뒹굴며 텔레비전을 보거나 잠을 자면 그만이다.

블록버스터급 영화가 한 편 개봉했다고 해서 다른 영화의 흥행에 지장을 줄 거라고 생각한다면 그건 지나치게 셈법이 단순한 것이다. 물론 그럴 수도 있다. 하지만 히트한 영화 덕에 다른 영화의 흥행까지 잘되는 경우도 있다.

평소 극장에 좀체 가지 않는 중년 남성 A부장을 생각해보자. 그에게 영화는 텔레비전에서 해 주는 걸로 충분하다. 그런데 요즘 다들 모이기만 하면 크게 히트한 어떤 영화 이야기를 한다. 그러려니 하고 말았는데 회사의 회의 중에 우연히 나온 영화 이야기를 혼자 알아듣지 못해 "A부장은 요즘 트렌드에 뒤처지는 거 같아"라는 사장의 한 소리를 듣게 됐다.

뜻밖의 일격을 당한 A부장은 몇 년간 없었던 극장 나들이를 하였다. 그런데 오랜만에 극장에 가니 괜찮겠다 싶은 영화들이 여러 편 상영 중이었다. 어떤 건 아내와 같이 보면 좋을 것 같아 A부장은 원래 보려고 했던 영화는 물론 다른 영화도 두 장 더 예매했다.

A부장의 사례에서 볼 수 있듯이 히트한 영화가 꼭 다른 영화의 흥행을 가로막는 건 아니다. 경우에 따라서는 애초 영화에 관심이 없던 사람들을 극장으로 끌어들이는 효과를 기대할 수 있다. 이렇게 되면 영화산업 전체 파이가 커지는 것이다. 이른바 쌍끌이 흥행이다. 2004년 〈실미도〉가 한국 영화 사상 최초로 1,000만 관객을 달성했을 때 같은 해 바로 〈태극기 휘날리며〉가 나와 그 기록을 경신한 것이 좋은 예다. 두 영화의 흥행 대박은 평소 극장에 잘 가지 않던 40~50대 중년 남성층을 공략한 결과라는 분석이 많았다.

경쟁의 선순환 현상은 영화산업에만 국한된 것이 아니다. 동종업종 상인들이 한데 모여 배우고 경쟁하며 전체 매출을 증가시키는 건 현실 경제에서 흔히 볼 수 있는 모습이다. 서울의 동대문 근처에 엄청나게 밀집해 있는 의류 상가들을 생각해보자. 주변에 다른 옷가게가 많아 상인들이 서로 손해 본다고 생각한다면 그렇게 끼리끼리 붙어 있을 리 없다. 만약 손해 본다고 생각한다면 패션몰이라고는 찾아볼 수 없는 조용한 동네의 한적한 구석에 옷가게를 차릴 것이다. 지역마다 도시마다 하나씩 있는 먹자골목이 한데 모여 있는 것도 그런 이유에서다.

소비자 입장에서도 원하는 물건 한 가지만 살 계획으로 간다고 해도 비슷한 가게와 물건들이 잔뜩 모여 있으면 두세 개 사는 등 의도치 않게 소비를 늘리는 경우가 많다. 앞서 A부장의 사례가 그렇지 않은가? 극장이 멀티플렉스 체제로 전환되면서 관객들은 여러 영화를 한자리에서 골라 보게 됐고 그만큼 영화의 소비도 늘어났다. 경제는 이렇듯 제로섬 게임이 아니며 경쟁은 언제나 전체 파이를 증가시킨다.

자기 것을 지키기 위해 담을 쌓아 다른 경쟁자가 못 들어오게 막는 것은 부질없는 일이다. 자신이 만든 것이 사람들에게 얼마나 더 도움이 되고 만족을 줄 수 있는지를 고민하는 것이 자신과 사회를 위한 올바른 길이다.

산업혁명은
장사꾼의 나라에서
일어났다

프랑스 궁정의 기계 오리

1739년 프랑스 루이 15세의 궁정에서는 흥미로운 시연회가 열렸다. 자크 드 보캉송Jacques de Vaucanson이라는 젊은 엔지니어가 만든 기계 오리가 그 주인공이었다. 오리의 태엽을 감아 물에 띄웠더니 기계 오리가 헤엄을 치고 꽥꽥 소리내 울며 날개를 퍼덕였다. 더구나 실제 오리처럼 물을 마시고 음식물을 소화해 배설까지 할 수 있었다. 물론 소화 과정은 속임수였으며 배설물의 정체는 푸르게 염색한 빵 부스러기에 불과했지만 말이다. 그 당시 기계 오리 시연회는 파리 전체에서 대단한 이야깃거리였다고 한다.

보캉송은 기계 오리를 선보이기 전에 이미 북과 피리

를 연주하는 실물 크기의 기계 인형을 발명한 바 있었다. 기계 오리처럼 기계 인형도 태엽에 감아 작동하는 방식이었는데 기계적으로 작동하는 손가락과 입술의 들숨과 날숨을 이용해 12곡이 연주됐다고 한다. 그는 이 인형으로 대중 인형극을 만들어 돈방석에 앉았다고 하니 발명 솜씨만큼이나 사업 수완도 꽤 좋았던 모양이다.

국왕으로부터 실력을 인정받은 보캉송은 32살의 나이에 왕립 비단 공장의 관리인으로 승승장구한다. 그에게 주어진 과제는 인형을 자동화하는 실력을 살려 직조기를 개발하라는 것이었다. 이때 보캉송이 발명한 직조기는 산업혁명을 일으킨 영국의 직조기보다 무려 24년이나 빠른 것이었다. 하지만 그의 전성시대는 여기에서 끝나고 말았다.

보캉송에게 닥친 비극은 그의 직조기로 인해 일자리를 잃을 걸 걱정했던 수공업 기술자들 때문이었다. 프랑스의 비단 길드Guild는 보캉송의 직조기를 불태웠고 그가 계속 기계를 발명하면 죽이겠다고 위협했다. 일종의 프랑스판 러다이트 운동인데 시대를 앞서간 천재는 그때부터 아무것도 할 수 없게 됐다. 보캉송의 발명품은 그게 직조기든 기계 오리든 프랑스대혁명 때 모두 소실돼 오늘날엔 설계도조차 찾을 수 없다고 한다.

프랑스는 보캉송의 직조기를 근거로 산업혁명의 원조는 자신들이라고 주장한다. 영국에 지기 싫어하는 프랑스인들의 심정은 이해하지만, 프랑스가 자동 직조기의 원조라면 모를까 산업혁명의 원조라는 말은 억지다.

왜 산업혁명은 영국에서 태동했을까?

산업혁명은 18세기 말 영국에서 시작됐다. 경제학을 조금이라도 공부한 사람이라면 들어 봤을 애덤 스미스Adam Smith의 『국부론』이 세상에 나온 해가 1776년이다. 출간 시기로 미뤄봐 이 책은 산업혁명이라는 이제 막 돋아낸 새싹에 물과 거름 역할을 했을 것이 분명하다.

왜 산업혁명은 영국에서 태동했을까? 몇몇 이들은 그 이유를 과학 기술에서 찾는다. 제임스 와트James Watt의 증기기관과 스티븐슨George Stephenson의 증기기관차를 낳은 영국의 과학 기술 수준을 생각해보라는 것이다. 하지만 그건 억측이다. 제임스 와트는 제대로 된 과학 교육을 받아본 적이 없는 사람이다. 요즘으로 치면 카센터 사장쯤 될 듯싶다. 스티븐슨은 더 심각해 아예 문맹에 가까웠다고 한다. 영국의 물리학자 아이작 뉴턴Isaac Newton이 18세기 초 영국인이긴 하지만 그의 고전물리학은 산업혁명과는 별 관계가 없었다.

동시대의 나폴레옹이 얕잡아보며 언급했듯이 당시 영국은 장사꾼의 나라였다. 영국 사회의 자유방임적인 분위기는 국민들을 자유롭게 했고 그 결과 영국인들은 장사꾼이 될 수 있었다. 그리고 영국은 장사꾼의 나라였기에 산업혁명을 이룰 수 있었다. 산업혁명이란 본질적으로 약간의 기술과 왕성한 돈벌이 욕구가 결합할 때 일어나는 현상이다. 돈을 벌려면 소비자에게 팔리는 물건을 내놔야 한다.

팔기 위해 싸고 질 좋은 물건을 내놓다보면 자연스럽게 산업화가 이뤄지는 것이다.

영국에서 산업혁명의 기운이 꿈틀대던 18세기 프랑스엔 뛰어난 과학자들이 많았다. 과학에 문외한인 이들이 들어도 알 법한 라그랑주Lagrange, 라부아지에Lavoisier, 라플라스Laplace, 콩도르세Condorcet 등은 모두 그 무렵의 프랑스 과학자들이다. 앞서 언급한 보캉송도 프랑스의 뛰어난 엔지니어였다. 하지만 산업혁명의 발상지란 영광은 영국에게 돌아갔다. 프랑스엔 장사꾼이 없었기 때문이다.

유럽이 산업혁명을 겪고 있을 시기 중국 황실에도 서양에서 구해 온 각종 최신 기계나 물품들이 쌓여 있었다고 한다. 예컨대 정교한 시계나 보캉송의 기계 장난감 같은 것들 말이다. 수집품의 수준은 어지간한 서양의 일류대학 연구실보다 나았다. 하지만 이들 최신 문물은 황실의 눈요깃거리였을 뿐 자금성의 높은 벽을 넘어 바깥세상으로 확산되지 못했다. 이런 비슷한 이야기는 우리에게도 있다. 우리는 세계 최초로 금속활자 기술을 보유한 바 있지만 그 기술은 결코 출판업자들과 연결되지 못했다. 근래 들어서는 세계 최초의 MP3플레이어가 우리 손으로 개발됐지만 이런저런 이유로 특허는 미국으로 넘어가고 말았다. 그 후 애플Apple 의 아이팟iPod이 세계적인 히트를 치는 것을 우리는 그저 지켜보기만 해야 했다. 기술은 중요하지만 문명을 이루고 혁명을 성사시키는 건 언제나 장사꾼들의 몫이다.

선진국의 번영을 뒤따라 경제성장을 도모한 후발국들은 장사꾼들을 활용해 산업화를 이루고 경제발전에 성공했다. 2차 대전 이후 독일, 일본이 그랬고 한국, 대만, 싱가포르 등 네 마리 용이 그랬으며 중국, 인도, 베트남 등이 그 뒤를 쫓았다. 장사꾼들은 작은 규모의 내수 시장의 한계를 뛰어넘어 세계 시장을 개척했다. 그들은 공통적으로 국내의 노동력 및 세계의 기술과 자본을 결합하여 글로벌 시장을 공략했다. 또한 이들 국가의 정치지도자들은 개방정책을 택하며 경쟁을 받아들였고 그 결과 성공한 리더가 되었다. 우리나라의 박정희, 싱가포르의 리콴유, 중국의 덩샤오핑이 대표적인 예이다.

넓어지는 세계,
커져가는 가능성

세계는 평평하다

토머스 프리드먼은 콜린 파월Colin Powell이 미국 국무장관으로 재직 중일 무렵 그를 만날 기회가 있었다. 파월 장관, 장관의 언론 담당 보좌관 이렇게 셋이 모인 자리였다. 똑똑한 사람들을 만나면 항상 그렇듯이 토머스 프리드먼은 세계가 평평해졌다는 사실을 어디에서 깨달았느냐는 질문을 파월에게 던졌다.

파월은 한 단어로 대답했다. '구글'이라고 말이다. 2001년 국무장관에 막 취임했을 무렵에 유엔 결의안의 내용을 알려면 그는 지시를 내린 뒤 최소한 몇 분, 어떨 때는 몇 시간까지 기다려야 했다.

"지금은 그럴 필요가 없습니다. 구글에서 '유엔 안보리 결의안'이라고 치기만 하면 됩니다. 바로 나오거든요."

파월이 말했다. 옆의 언론 담당 보좌관이 덧붙였다.

"장관님 말씀이 맞습니다. 요즘은 장관님께서 개별 정보를 보고하라고 지시하시는 경우가 드뭅니다. 이미 알고 계시거든요. 지금은 그러하니 앞으로 어떻게 행동할 건지 물어 오십니다."[5]

흔히 오늘날을 정보화 사회라고 부른다. 정보가 부가가치의 도구이면서 동시에 결과물이라는 뜻이다. 그런데 바로 그 정보의 생산과 유통이 빠른 속도로 평등해지고 있다. 이제는 평범한 시민들도 미국의 국무장관이 보는 상당히 높은 수준의 자료를 거의 동시에 볼 수 있다.

세상을 평평하게 만드는 기술은 비단 정보통신 분야의 전유물은 아니다. 지금으로부터 딱 10년 전 KTX가 개통하면서 변화한 사회상을 생각해보자. 시속 300킬로미터의 속도 혁명은 전국을 일일생활권으로 바꿔 놓았다. 서울에서 출발해 충남 천안까지 40분이 채 걸리지 않아 '서울시 천안구'라는 말이 회자될 정도. 서울에서 부산까지는 2시간여 안에 공간 이동할 수 있다. 서울과 천안이, 서울과 부산이 그만큼 평평해진 것이다.

　바퀴와 수레가 발명되면서 조금씩 넓어지기 시작한 인류의 문명권은 산업혁명 이후 기차, 자동차, 비행기가 나오면서 폭발적으로 확장됐다. 불과 수백 년 전 신대륙에서의 삶을 꿈꾸며 대서양을 건넜던 청교도들은 대부분 다시 고향 구경을 하지 못할 운명이었지만 지금의 대서양은 하루 이틀 안에 오가는 거리에 불과하다. 앞으로 과학 기술이 더 발전하고 우주 탐사가 진행된다면 머잖은 미래에 인류는 달이나 화성 같은 외계에서도 살게 될 것이다. 그땐 지구와 달이, 지구와 화성이 지금의 아시아와 아메리카만큼 평평해지는 것이다.

세계가 넓어지는 만큼 시장도 넓어진다

　세계가 넓어진다는 말은 그만큼 시장이 넓어진다는 말과 같다. 오늘날 글로벌 기업들은 전 지구적 차원에서 제품과 서비스를 생산하고 유통한다. 삼성의 휴대폰 갤럭시는 신제품이 출시되자마자 전 세계인이 거의 동시에 구매해

Seoul

Cape Town

New York

Mexico City

서 쓰고 사용 후기를 공유한다. 할리우드 영화가 즐겨 쓰는 전 세계 동시 개봉은 이제는 마케팅 기법이 아닌 일종의 관행처럼 변했는데, 그 이유가 어느 나라에서 먼저 개봉하면 곧바로 불법 영상이 인터넷에 올라오기에 전 세계 동시 개봉을 하지 않을 수 없게 돼서이다. 전 세계 동시 개봉은 꼭 영화산업에만 있는 건 아니다. 애플의 창업자 스티브 잡스Steve Jobs의 자서전은 그가 죽자마자 각 나라의 출판사들이 동시에 번역하고 출간해 큰 화제가 됐다.

지구촌 전체가 시장이 됐다는 말은 매출과 수익도 전 세계적인 규모로 발생한다는 뜻이다. 국내에서만 활동할 때와는 금액의 자릿수가 다르다. 글로벌 기업으로 완전히 탈바꿈한 삼성과 그렇지 않은 국내의 다른 기업들은 매출, 이익, 주가 측면에서 비교하기 민망할 정도로 차이가 벌어졌다. 한류 연예인들이 누리는 엄청난 부와 명성은 그들이 한국 안에만 머물렀다면 얻지 못했을 것이다. 가왕 조용필도 물론 많은 돈을 벌었지만 활동한 기간 대비 수입으로 따지면 가수 비에 훨씬 못 미친다. 생활 보조금으로 연명하던 작가 조앤 롤링Joan K. Rowling은 〈해리 포터〉의 세계적 성공으로 불과 십 년이 안 되는 기간에 자국의 엘리자베스 여왕

보다 부유한 갑부로 떠올랐다.[6]

　세상이 평평해지고 인류의 영역이 확장되고 사람들 사이의 교류가 확대되면 시장도 함께 발달한다. 시장은 문명과 함께 성장했고 그렇게 성장한 시장은 다시 문명의 성장을 촉진했다. 강과 바다에서 시작됐던 인류의 개발사가 달이나 화성 같은 우주에까지 이어진다면 아마도 야심에 불타는 몇몇 기업가들은 달의 자원 개발이나 지구와 화성의 행성 간 교역 같은 사업에 뛰어들 것이다. 그리고 그건 다시 지구 문명의 발전을 가져올 것이다. 인간의 타고난 본성이 이익 추구에 있는 만큼 자연스러운 일이다. 그때 출현할 부자는 19세기의 존 록펠러John Davison Rockefeller나 21세기의 빌 게이츠Bill Gates는 꿈도 못 꿀 만큼의 부를 얻게 될 것이다. 물론 그들 덕에 나머지 인류도 역사상 가장 풍요로운 삶을 누리리라는 데 의심의 여지가 없다.

바다와
도시국가의 시대

인간의 활동 무대가 바다로 넓어지면서
해상의 주도권을 잡기 위한 도시국가들 간의 경쟁도
점점 더 치열해졌다.

서양 문명은
바다에서 시작됐다

This is Sparta!!!

　테르모필레 전투Battle of Thermopylae라고 하면 무슨 말인지 몰라도 영화 〈300〉의 배경이 된 전투라고 설명하면 많이들 알아들을 것이다. 마라톤 전투와 함께 그리스 연합과 페르시아 제국 사이에서 벌어진 페르시아 전쟁을 대표하는 전투 중 하나가 바로 테르모필레 전투다.

　기원전 480년 가을, 그리스 본토를 공격하기 위해 바닷가 협로인 테르모필레를 통과하려는 페르시아 황제 크세르크세스 1세의 수십만 대군을, 불과 수백 명의 스파르타 용사들이 저지하다가 전원 옥쇄했던 사건이 영화 〈300〉의 주된 모티프다.

영화를 본 많은 이들은 스파르타의 왕 레오니다스가 항복을 권하러 온 페르시아 사신을 우물로 차 버리며 "This is Sparta"라고 외치는 부분을 가장 인상적인 장면으로 꼽는다. 이 장면은 허구로 가득 찬 영화 〈300〉에서 몇 안 되는 역사적 사실에 근거한 부분이기도 한데, 전쟁 전 페르시아는 그리스의 도시국가들에게 사신을 보내 그 도시의 흙과 물을 요구했다고 한다. 당시 타국에 자기 나라의 흙과 물을 바치는 건 그 나라의 지배를 받아들이겠다는 의미였다.

대부분의 그리스 도시국가들이 페르시아의 요구에 굴복했지만 아테네와 스파르타만은 사신을 처형하는 걸로 응수했다. 아테네는 재판을 열어 사신들에게 처형을 판결한 다음 처형용 갱 속에 던져 버렸고, 스파르타는 재판도 없이 그냥 우물 안으로 차 넣었다고 한다. 그렇게 동서양 간의 역사상 첫 전쟁이 시작됐다.

그리스 인들은 스스로를 바다를 떠나선 살 수 없는 민족이라고 부른다. 고대 크레타 문명 시절부터 그리스 인들은 해양 민족으로 명성을 떨쳤다. 지중해 곳곳에 자신들의 식민지를 만들었다.

그리스의 도시는 그리스 인들만큼 지중해의 산물이다.

유럽, 아프리카, 아시아의 세 대륙에 둘러싸인 지중해는 다양한 물자가 교역되는 통로였다. 섬이 많고 복잡한 지중해의 해안선은 바다에 나가기 편리하면서도 안에 위치한 항구는 폭풍으로부터 안전해 도시국가가 입지하기 안성맞춤이었다. 지중해와는 다르게 남중국이나 인도의 해안선은 별다른 굴곡이 없고 대양으로 그대로 열린 바다라서 의미 있는 도시국가가 형성되기 어려웠다. 요컨대 다른 지역에서 바다가 거대한 물의 장벽이었다면 지중해에서 바다는 세 대륙을 잇는 친절한 가도였던 것이다.

근현대에 들어서도 그리스 인들의 해양 DNA는 어디가지 않았다. 오스만투르크 제국이 맹위를 떨치던 시절 그리스 인들이 출세할 수 있는 길은 술탄의 근위대에서 복무하며 고급 관료가 되거나 지중해 무역으로 부를 쌓는 것이었다. 존 F. 케네디의 미망인 재클린 케네디와의 재혼으로 유명한 선박왕 오나시스도 어린 시절부터 지중해를 누비며 경력을 쌓은 그리스 인이었다.

서양 고대 문명은 해양 문명이었다

기원전 8세기부터 그리스 반도, 펠로폰네소스 반도, 소아시아의 해안을 중심으로 다양한 지중해 교역 네트워크가 형성됐다. 이 시기 주로 거래됐던 건 밀을 중심으로 한 곡물이었다. 인간의 활동 무대가 바다로 넓어지면서 해상의 주도권을 잡기 위한 도시국가들 간의 경쟁도 점점 더 치열해졌다.

로마도 처음엔 이탈리아 반도 서쪽의 내륙에 있던 도시국가였다. 로마의 입지는 바다와 가깝지만 항구 도시는 아니며 테베레 강을 통해 바다와 이어져 있다. 그런 로마가 거대 제국으로 발전할 수 있었던 건 바로 해양 세력과의 경쟁 덕분이다. 지중해 패권을 놓고 해양 국가 카르타고와 맞붙은 세 차례의 포에니 전쟁이 그것이다. 카르타고와의 경쟁에서 승리하면서 로마는 지중해 서부의 제해권과 식민지를 확보했고 지중해를 내해로 갖는 해양 제국으로 성장할 수 있었다.

해양 문명은 교역을 통해 부가가치를 창출하는 까닭으로 농업 문명에 비해 발전의 잠재력이 높다. 해양 문명은 유목 민족처럼 울타리 밖으로 뛰쳐나가려는 프론티어 정신이 두드러져 해외 식민지를 개척할 가능성도 높다. 그리스의 도시국가들은 물론 로마와 카르타고도 모두 지중해의 가치를 알았고 곳곳에 식민지를 건설하며 번영을 구가했다.

오늘날 서양의 정체성을 형성하는 문화적 요소들은 대부분 지중해의 역사에서 물려받은 것이다. 서양 문명의 양대 축인 헬레니즘(개인주의 전통)과 헤브라이즘(기독교 전통)은 지중해를 통한 교역과 투쟁의 산물이다. 영화 〈300〉도 결국은 도시국가 스파르타가 대륙 세력을 상징하는 페르시아 제국의 침략에 맞서 그리스 해양 문명을 지켜내는 모습을 담은 것이다.

영국의 군인이자 사학자인 풀러Fuller는 일찍이 페르시아 전쟁의 승리는 유럽이라는 아기가 태어나면서 낸 소리였다고 지적하기도 했다. 그리스 도시국가들은 페르시아 전쟁에서 지중해 세계만 지킨 게 아니라 유럽, 더 나아가 서양 전체를 지켜냈다는 것이다. 지중해는 유럽과 서양 문명의 모태이며 그래서 바다가 인간 역사에 끼친 의의는 각별하다.

도시국가와
통일 중국

영화 〈영웅: 천하의 시작〉에서 주인공 무명(이연걸 분)은 이른바 '10보 암살'의 귀재다. 열 걸음 안에 있는 상대는 어떤 실수 없이 죽일 수 있다. 진시황은 그런 무림 자객들의 움직임을 감지하고 자신의 주변 100보 안에는 아무도 들이지 않는다. 무명은 천신만고 끝에 진시황의 10보 안으로 접근해 그를 죽일 수 있는 기회를 얻지만 영화의 마지막 순간 암살을 포기하고 만다. 무명은 왜 그런 선택을 했을까?

우리에게 통일은 퍽 좋은 느낌으로 다가온다. 예컨대 남북통일에 비판적인 사람은 거의 없다시피 하다. 신라의 삼국통일도 그 과정에 외세를 끌어들였단 점에서 비판이 아주 없는 건 아니지만 우리 민족 최초의 통일로서 역사적 의의를 인정받고 있다. '우리의 소원은 통일'이나 최근 인구에 회자되는 '통일은 대박'이란 표현도 모두 이런 인식의 연장선상에 있다.

중국이나 일본 쪽 사정도 우리와 크게 다르지 않다. 분열과 통일의 숱한 반복을 겪었던 중국인들에게 통일은 꽤나 각별한 것이었다. 동양의 고전 『삼국지』는 후한 말 분열된 중국 대륙을 다시 통일하기 위해 동분서주하는 영웅들의 이야기다. 중국이 지금도 그토록 강조하는 '하나의 중국' 원칙을 생각해보라. 100년간의 전국시대를 끝내고 일본 열도를 통일한 오다 노부나가織田信長, 도요토미 히데요시豊臣秀吉, 도쿠가와 이에야스德川家康는 이른바 통일의 3대 영웅으로 지금도 일본의 각종 사극에서 가장 인기 있는 인물들이다.

서양인들에게도 통일은 나쁜 의미가 아니다. 현대 독일의 역사는 프로이센의 철혈재상 비스마르크Bismarck가 이뤄낸 독일 통일부터라고 할 수 있다. 링컨Abraham Lincoln이 없었다면 오늘날 북미 대륙은 유럽이나 중남미처럼 여러 작은 나라들로 분열된 모습이었을 거라며 안도해하는 미국인들이 많은 것도 사실이다.

통일은 무조건 좋은가?

로마 이후 서양 문명권에선 거대한 통일 제국이 출현하지 않았다. 하지만 꼭 거대 제국만이 역사 발전의 주인공 자격이 있는 건 아니다. 거대한 나라가 아니더라도 혁신과 발전의 움직임은 항상 있었고, 중세 이후 서양에서 그 역할은 이탈리아 반도를 중심으로 한 지중해의 도시국가들이 맡았다. 이들은 봉건영주들에게서 돈을 주고 자치권을 사는가 하면 스위스나 북아프리카에서 용병을 고용해 치안과 방어를 맡기기도 했다. 동양에서 치안과 안보는 거대한 중앙 국가가 해결해주는 것이었지만 유럽에선 개별 도시들이 자급자족하는 것이었다.[7]

그러면서 유럽의 도시국가들은 더 나은 도시를 만들기 위해 치열하게 경쟁했다. 그래야 더 많은 상인들을 자기 도시로 유치할 수 있기 때문이었다. 예나 지금이나 상인들은 치안, 법제, 기업 환경이 좋은 도시를 찾아 끊임없이 이동한다. 경제학에서 말하는 이른바 발로 하는 투표Voting by Feet다. 상인들이 내는 세금은 도시국가의 주요 재원이었고, 많은 경우 도시국가의 지배 집단은 상인들 자신이기도 했다. 이렇게 자유롭게 경쟁하는 도시국가들의 품에서 유명한 르네상스가 태동했다.

통일은 무조건 좋은 것도, 무조건 나쁜 것도 아니다. 사람의 자유를 넓히고 교류를 늘리는 통일은 좋지만, 자유를 제한하는 통일은 바람직하지 않다. 통일이 시장의 확대 과정을 통해 사람들의 교류를 늘리고 삶을 넉넉히 하는 데 도움을 준다면 경제자유가 높아져 순기능이 크다. 반면, 통일로 인해 대내외적인 경쟁 압력이 감소하여 정치경제적 자유가 위축된다면 이는 삶의 질을 떨어뜨려 모두를 불행하게 만들 수 있다.

제자백가를 잊어버린 통일 제국, 중국

통일 제국으로 유명한 중국도 원래는 유럽과 사정이

비슷했다. 춘추전국시대 중국을 보면 수많은 작은 나라들로 알록달록한 게 오늘날 유럽 지도와 퍽 많이 닮아 있다.

기원 전후로 5백여 년이나 이어진 춘추전국시대는 단순한 분열기가 아니었다. 도가, 묵가, 법가, 유가 등 제자백가라는 사상의 경연장이 열려 철학과 윤리가 비약적으로 발전했다. 인간의 머리에서 나올 수 있는 사상은 거의 다 나왔다고 해도 과언이 아닐 정도다.

오늘날에도 '춘추전국시대'라는 표현은 어떤 분야에 수많은 참가자들이 모여 무한 경쟁하는 상황을 비유하는 말로 흔히 쓰인다. 가령 프로 스포츠에서 "이번 시즌은 팀 간 전력이 상향 평준화돼 춘추전국시대가 예상된다"라는 기사가 그렇다. 분열의 시대라고 꼭 부정적인 뉘앙스만 있는 건 아닌 것이다.

하지만 그 뒤 중국은 유럽과 다른 길을 걸었다. 위진남북조시대를 끝낸 6세기의 수나라부터 마지막 청나라에 이르기까지 왕조는 바뀌었지만 대륙 전체는 대체로 통일된 체제를 유지했다. 더는 춘추전국시대와 같은 분열의 시대는 오지 않았다. 사상의 자유도 사라졌다. 진시황의 분서갱유가 대표적이다. 진나라 땐 잠시 법가가, 한나라 이후엔

유가가 중국인들의 사상을 지배했다.

언뜻 생각하기에 내전이 없으니 사람들이 살기 좋았으리라고 볼 수 있지만 인간의 일이란 게 뜻대로 되는 게 아니다. 중국의 거대한 도시들은 지중해 유럽의 도시국가들처럼 치열하게 경쟁을 할 필요가 없어졌다. 더구나 도시의 지배자들은 대개 중앙정부가 파견한 직업 공무원들이었다. 르네상스 시기 유럽의 도시가 상인들의 기업가정신으로 운영될 때 중국의 도시들에선 관료주의가 득세했다. 근대 이후 서세동점의 역사는 어쩌면 진시황의 천하통일때 예견돼 있었는지도 모른다.

다시 〈영웅〉의 이야기로 돌아가자. 무명은 진시황을 만나러 떠나기 전 오랜 기간 황제를 죽이기 위해 노력해 온 파검(양조위 분)을 만난다. 그런데 뜻밖에 파검은 진시황을 암살하려는 무명을 만류한다. 무명이 이유를 묻자 파검은 조용히 모래에 천하ㅈ라는 글자를 써 자신의 마음을 보여준다. 통일로 강력한 중국을 건설해야 하니 비록 진시황이 잔인한 독재자라 할지라도 그를 죽여선 안 되며 그를 따라야 한다는 것이다. 그것이 파검의 뜻이자 이 영화의 감독 장예모의 생각이었다.

하지만 오늘날 세계는 오랜 통일 지상주의의 속박에서 벗어나 도시국가의 시대로 되돌아가고 있는 모양새다. 유럽에선 영국의 스코틀랜드나 스페인의 카탈루냐 등에서 분리 독립 움직임이 활발하게 진행 중이다. 통일 제국의 대명사인 중국에서마저 현대적 발전을 주도하는 건 상하이, 톈진, 홍콩, 광저우와 같은 해안가 도시들이란 게 의미심장하다. 진시황이 없었다면 현대 중국의 지도는 지금의 유럽처럼 다양한 민족, 지역, 국가들이 서로 공존하며 사는 모습이지 않았을까? 일평생을 망국 조나라의 유민으로 살았던 파검이 사상, 언어, 민족의 다양성을 잃은 채 점점 뒤처지게 되는 통일 중국의 역사를 알았다면 어찌 생각했을까 궁금하다.

유럽은 강소국의
천국이다

르네상스의 도시국가들[8]

    중세 말기부터 유럽은 인구가 늘면서 도시가 북적이기 시작했다. 사람들이 도시로 몰려든 주된 이유는 상업이 부활했기 때문이다. 이 무렵 농업 생산성이 개선되면서 자급자족 수준을 넘어 시장에서 교환할 만한 잉여 생산물이 만들어졌다. 외교적으로는 무슬림과의 오랜 분쟁이 소강상태에 접어들면서 그간 중단됐던 지중해 무역이 재개된 시기이기도 하다.

    이탈리아의 도시국가들은 지중해의 동과 서를 잇는 중계무역 기지로 부활했다. 아드리아 해로 향한 베네치아는 동쪽의 시리아와 남쪽의 아프리카 무슬림과 교역을 하며 번성했다. 피사와 제노아도 지중해 서쪽의 상권을 장악한 무역도시로 성장했다.

북부 독일에서는 상인들의 조합인 한자가 형성됐다. 독일어 'Hanse'는 무리나 친구라는 뜻의 고트 어에서 유래한 말로 조합을 의미한다. 한자동맹은 지중해 쪽에 비해 발전이 더뎠던 발트 해 주변의 상인들이 도시 간의 교류 증대를 목적으로 만들었다. 주로 쾰른, 브레멘, 베를린, 함부르크 등 독일권 도시들이 가입했다. 한자동맹이란 이름은 오늘날 독일의 항공사 루프트한자Lufthansa에서 그 흔적을 찾아볼 수 있다.

지중해와 발트 해의 도시들은 옛 그리스의 도시국가들이 그랬던 것처럼 도시 인근의 농촌을 배후지로 두고 강력한 군사력을 갖춘 도시국가를 재현해냈다. 이들은 신항로 개척으로 무역의 중심이 지중해에서 대서양으로 옮겨가기 전까지 번영을 누렸다.

지중해와 북해를 중심으로 유럽에서 도시국가 체제의 상업경제가 부활할 수 있었던 이유는 뭘까? 그건 고대 상업경제의 두 가지 유산, 그리스의 화폐제도와 로마법의 정신을 어느 곳보다 잘 간직했기 때문이다. 다시 말해 사유재산

제와 자유계약정신을 보호한 덕분이었다. 유럽 도시국가들은 르네상스의 주역이었고 이후 산업혁명과 현대적 시장경제가 출현하기 위한 징검다리의 역할을 맡았다.

현대의 강소국, 베네룩스 3국

오늘날에도 유럽에서 도시국가의 전통은 강소국의 형태로 면면히 내려오고 있다. 베네룩스 3국으로 잘 알려진 벨기에, 네덜란드, 룩셈부르크가 좋은 예다. 베네룩스는 총인구가 3천만 명을 넘지 않고 면적은 약 75,000㎢로 남한의 4분의 3 수준에 지나지 않는다. 이들 세 나라는 그다지 크지 않은 나라들이 오밀조밀 몰려 있는 유럽에서도 작은 편에 속한다.[9]

하지만 경제 규모는 결코 작지 않아 세 나라의 GDP 합계는 13,684억 달러로 스페인보다 크다.[10] 정치적 역할도 만만치 않아 오늘날 우리가 보는 유럽연합은 베네룩스 3국이 체결한 관세동맹에 뿌리를 두고 있다. 유럽연합의 본부와 의회가 모두 베네룩스에 속한 벨기에에 있는 이유

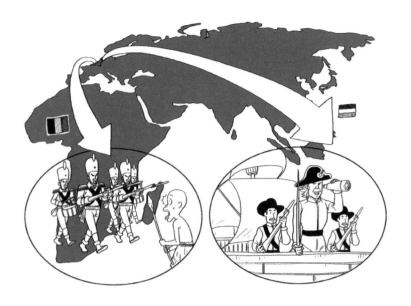

이기도 하다.

이들 세 나라는 역사적으로 영국, 프랑스, 독일 등 큰 나라들에 둘러싸여 있었다. 그래서 눈길을 바다로 돌려 해외시장을 개척했다. 이들의 타고난 상인 기질은 이때 빛을 발했다. 벨기에는 중앙아프리카에, 네덜란드는 동남아시아에 식민지를 만들었다. 오늘날 세계의 수도가 된 뉴욕은 네덜란드 출신 개척자들이 모여 산 뉴암스테르담으로부터 유래했다. 네덜란드 상인은 머나먼 극동의 일본에까지 진출해 난학蘭學이라고 불린 일본 속의 네덜란드 문화를 형성했다.

오늘날에도 베네룩스 3국의 산업엔 무역과 물류, 금융이 차지하는 비중이 절대적이다. 네덜란드의 로테르담 항구는 세계 최대 규모로 유럽 해상 무역의 허브 역할을 하고 있다. 전 세계에서 수입되는 각종 원자재와 곡물이 로테르담에서 하역해 유럽 전역으로 수송되고 반대로 유럽에서 모여든 제품이 로테르담을 통해 세계로 수출된다.

유럽은 베네룩스 3국 외에도 스위스, 오스트리아, 북유럽 국가 등 강소국들이 참 많다. 국토는 좁고 부존자원은 없는 상황을 딛고 성공한 강소국에서 우리가 나아갈 길을 찾는 건 그래서 당연한 일이다. 한때 재계에서 강소국을 배우자는 움직임이 일었고 정계에서도 우리의 정체를 강소국 연방제로 바꾸자는 논의가 오가기도 했다. 비록 그 뒤 관심의 초점이 독일과 같은 미들파워로 옮겨 가면서 강소국 이야기는 잦아들었지만, 베네룩스 3국이 보여준 진취적인 통상과 개방의 정신은 무역으로 먹고사는 우리 경제에 시사하는 바가 크다고 하겠다.

길, 문명과
세계사를 만들다

"성을 쌓는 자 망하고, 길을 가는 자 흥하리라"

- 칭기즈 칸 Chinggis Khan -

고선지와
비단길 경영

고선지와 탈라스 전투

　동서양 최초의 대결이 페르시아 전쟁이었다면 서아시아와 동아시아 간의 최초의 대결은 탈라스 전투라고 할 수 있다. 그리고 이 전투의 주인공은 고구려 유민의 후예로 우리에게도 잘 알려진 고선지다. 그의 아버지가 고구려 사람이었다고 하니 고선지는 요즘으로 치면 고구려인 2세쯤 된다고 할 수 있을 것이다.

　아버지가 고구려 유민이었다고는 하나 고선지 본인은 당나라에서 태어나 당나라에 충성한 군인이었으니 엄밀히 말하자면 고구려와는 별 관계가 없다. 하지만 중국의 역사서인 『구당서』와 『신당서』 고선지전에 그를 분명히 고구려 사람이라고 기록하고 있고 『자치통감』에는 동료 장군들로부터 "개똥 같은 고구려 놈"이라는 모욕까지 당했다는 기록이 남아 있는 걸로 봐 망국 유민의 삶이 그다지 평탄하진 않았던 듯하다.[11]

고선지는 당나라의 서역 방면 절도사였다. 절도사는 오늘날 지방군 총사령관쯤 되는 자리다. 당나라는 절도사로 흥하고 절도사로 망했다는 이야기가 있을 만큼 절도사의 역할이 중요한데 정복된 이민족의 후예에게 그런 자리가 돌아간 걸 보면 고선지의 재능이 만만치 않았음을 보여준다.

오늘날 세계사 시간에는 탈라스 전투에 대해 꽤 중요하게 다루지만 정작 당시의 전투 규모로는 그리 큰 싸움은 아니었다고 한다. 당나라 사람들도 탈라스 전투의 결과를 그리 심각하게 받아들이진 않았던 모양이다. 탈라스에서의 패배에도 고선지는 별다른 문책을 받지 않고 중앙 정부로 복귀해 고위직을 지냈다는 게 그 방증이다. 하지만 이 전투의 후폭풍은 동시대 당나라 사람들의 생각만큼 간단치 않았다.

비단길은 동서양의 특산물뿐만 아니라 종교, 사상, 문

화가 활발히 교류되던 문명의 통로였다. 중국의 비단길 경영은 역사가 오래됐다. 중국의 통일 왕조들은 예외 없이 비단길 경영에 공을 들였다. 최초의 시도는 한나라다. 비단길이 처음 열린 건 한나라 문제 때의 일이며 비단길을 통한 교역이 가장 활발했던 시기가 바로 고선지가 활약했던 당나라 때였다.

당나라는 중원에서 오늘날 우즈베키스탄의 사마르칸트까지 이어지는 비단길을 경영하기 위해 노력했다. 이를 위해 상당한 국력을 소모해 가면서 서역까지 자국의 영토로 유지했다. 중국인들은 역사상 가장 위대한 왕조로 한나라와 당나라를 꼽는데 이 두 나라는 비단길을 경영했다는 공통점이 있다. 송나라와 명나라는 한족이 세운 왕조였지만 비단길을 경영하지 못했다.

비단길은 '팍스 몽골리카'를 구현한 몽골 제국 때 가장 번성했다. 로마가 지중해를 자신들의 바다로 만들었다면 몽골은 비단길을 자신들의 가도로 만들었다. 몽골이 동에서 서에 이르는 무역로를 단일 세력권으로 통합하면서 비단길은 완전히 제기능을 다할 수 있었다. 마르코 폴로Marco Polo가 『동방견문록』을 쓸 수 있었던 것도 몽골 제국이 비단

길을 완전히 통제하는 상황이었기에 가능했다. 일반적으로 무역은 내륙 국가가 해양 국가보다 못한 게 현실이지만 이 비단길 덕택에 전형적인 내륙 국가였던 중국은 상당 기간 동서 교역을 통한 이익을 취할 수 있었다.

탈라스 전투는 길을 차지하기 위한 전쟁이었다

탈라스 전투는 고선지 개인에게는 잊고 싶고 당나라에게도 유감스러운 일이었지만 세계사적으로는 기억해 둘만한 사건이다. 고등학교 세계사 시간에 졸지 않았다면 알겠지만 탈라스 전투를 통해 중국의 제지 기술이 이슬람으로 전파된 것이다. 이슬람 군대에 잡힌 당나라 포로들 중엔 기술자가 많았다고 한다. 이렇게 유출된 중국의 제지 기술은 막 피어나던 이슬람 문화에 지대한 도움을 주었다. 그리고 유럽에 전파되면서 더 큰 영향을 미쳤다. 구텐베르크의 인쇄술 발명에 공헌한 걸로 알려져 있다.

탈라스 전투는 고대에 길을 차지하기 위한 경쟁이 얼마나 치열했는지 오늘날 우리에게 보여준다. 어쩌면 탈라스 전투에는 문명의 교류란 평화적인 교역뿐만 아니라 전쟁을 통해서도 가능하다는 메시지를 담고 있는지도 모른다. 비단길을 차지하기 위한 경쟁은 끝내 전쟁을 불러일으켰지만 놀랍게도 전쟁 중에도 문화는 교류되고 있었던 것이다. 비단길은 오늘날에도 파키스탄과 중국의 신장웨이우얼자치구를 잇는 포장도로로 부분적으로나마 남아 있다.

길은 자유를 확산시킨다. 사람들은 길을 통해 자신이 원하는 곳으로 이동할 수 있고 더 나은 것을 찾아갈 수 있게 된다. 길이 자유로운 통로가 되고 도시에 사람들이 자유롭게 드나들 수 있게 되면서 현대 문명의 고도화가 이루어진다. 그리고 사람들은 도시에서 자유롭게 활동적인 삶을 만들어간다. 자본주의 시장이 발달하면서 도시는 자유의 상징적 존재로 발전했다. 국경을 넘어 세계의 중심지로 발달한 도시들이 나왔는데, 런던, 뉴욕과 같은 도시들이 대표적이다.

만약 정화가
경제인이었더라면

정화의 해외원정

　대항해시대 바닷길을 통한 해외개척은 흔히 유럽의 전유물로 알려져 있다. 유럽의 서쪽 끝자락에 위치해 비단길은커녕 지중해 무역으로부터 소외돼 있었던 스페인과 포르투갈이 새로운 바닷길 개척에 나섰기 때문이다. 바르톨로뮤 디아스Bartolomeu Diaz의 아프리카 희망봉 발견, 바스쿠다 가마Vasco da Gama의 인도 항로 발견, 마젤란Magellan의 세계 일주가 그것이다. 고교 세계지리 수업에서 "바스쿠 다가마는 인도 끝까지 가서 다 가마이고 바르톨로뮤 디아스는 그러지 못해 그냥 디아스"라는 식으로 외웠던 경험이 있었을 것이다.

하지만 이는 완전한 사실은 아니다. 동양에서도 바다를 통한 해외원정에 나선 전력이 있었기 때문이다. 바로 명나라 대도독 정화의 원정이었다.

정화는 영락제의 명을 받아 1405년부터 1431년까지 총 일곱 차례에 걸쳐 대원정을 떠난 걸로 유명하다. 서양 방문 해상사절단의 총사령관으로서 그는 수십 척의 배에 수만 명의 인원을 거느리고 원정에 나섰다. 그의 선단은 동남아시아, 인도, 페르시아 만, 아라비아 반도를 거쳐 아프리카 동부 해안까지 나아갔다. 이때 각국의 외교사절단을 중국으로 데려와 경제, 문화적 교류를 촉진했다고 한다. 정화의 원정은 콜럼버스Columbus의 아메리카 탐험보다 70여 년이나 앞선 것이었다. 정화의 원정에서 사용됐던 배도 콜럼버스의 것보다 무려 서른 배나 큰 것이었다고 한다.

하지만 정화의 원정은 콜럼버스에 비해 거의 아무런 역사적 반향을 남기지 못했다. 여기에는 그럴 만한 사정이 있다. 정화의 원정은 중화사상과 명나라 황제의 위신을 세계 만방에 떨치기 위해 기획된 고도의 정치적인 행사였던 것이었다. 정화의 원정대는 서유럽의 탐험가들처럼 이윤을 목적으로 움직이지 않았다.

정화가 수행한 교역은 국가 주도의 조공 무역이 대부분이어서 원정의 참여자들이 더 적극적으로 먼 곳으로 나아갈 동기가 부족했다. 중국이 해외원정에 적극적이었다면 오늘날 우리가 읽는 세계사는 완전히 다른 방향에서 쓰였을 가능성이 높다. 하지만 당시 세계 최고의 경제대국이었던 중국은 경제적으로 별로 아쉬울 게 없었기에 중국의 황제는 해외원정에서 예상되는 돈벌이에 소극적이었으리라 추측된다. 욕구란 언제나 무언가 부족할 때 나오는 법이다.[12]

지속가능한 건 오로지 개인의 경제적 욕망이다

정화는 명나라 영락제의 심복으로 해군 제독으로서 매우 뛰어난 기량을 보여줬지만 본래는 환관이었다. 출신도 한족이 아닌 투르크 계열의 이슬람 인이었다고 한다. 하지만 영락제가 황위에 오르는 데 큰 공을 세워 환관들의 우두머리가 됐고 권력의 정점에 이른 인물이다. 그의 출신 배경 때문에 중국이 아닌 이슬람 세계에서도 일부 관심을 보이기도 한다. 해외원정대의 수장으로 정화가 지목된 건 그의 이런 국제적인 배경 때문이란 분석도 있다. 하지만 환관이 란 출신의 한계는 그가 황제가 지시한 사항을 뛰어넘는 활동은 하지 못하도록 제약했을 가능성이 크다. 콜럼버스가 유럽의 원정에 드는 막대한 투자를 받기 위해 수많은 군주들을 찾아가 자신의 원정 계획서를 설득했던 것과 비교되는 대목이다. 정화는 뛰어난 능력에도 결국은 공무원이었던 반면, 콜럼버스는 숱한 결함을 지닌 인물이었지만 뼛속부터 사업가였다.

통상通商을 풀이하자면 '상업을 통한다'라는 뜻이다. 나라들 사이에 서로 물품을 사고팔고 한다는 뜻이다. 정화의 원정은 기획, 투자, 실행 등 거의 모든 면에서 나무랄 데가 없었으나 동기가 정치적인 데 있었기에 황제가 바뀌는 등 정치 권력의 변화에 쉽게 무너지고 말았다. 정화가 죽은 뒤 명나라는 다시 쇄국정책으로 돌아갔고 이후 원정은 이뤄지지 않았다.

이후 대항해를 주장하는 이야기가 전혀 없었던 건 아니나 유교적 성향을 지닌 관료들이 원정에 들어가는 막대한 비용을 이유로 반대해 번번이 물거품이 됐다. 해외원정이 지속될까 두려웠던 명나라의 관료들은 정화가 남긴 원정 기록을 모두 소각해 버렸다. 막대한 국가 재정이 들어간 대역사의 기록은 그렇게 허무하게 사라져 버렸다. 이는 오늘날 우리가 정화의 원정에 대해 잘 모르게 된 원인이기도 하다.

통상이 없는 개방, 경제인이 없는 교역이 얼마나 허무한 것인가? 더 나은 세상에서 더 나은 경제적 동기를 찾아 헤맸던 사람들이 오늘날의 세계와 세계사를 만들었다. 그리고 그 주인공은 중국인이 아닌, 서유럽 사람들이었다.[13]

성을 쌓는 자 망하고, 길을 가는 자 흥하리라

칭기즈 칸의 유언

　인류 역사상 가장 큰 제국을 건설했던 칭기즈 칸Chinggis Khan은 "성을 쌓는 자 망하고, 길을 가는 자 흥하리라"라는 유언을 남겼다. 중국 대륙을 통일하자마자 만리장성부터 쌓았던 진시황과 비교된다고 할 수 있겠다. 칭기즈 칸과 진시황의 차이는 정복과 교역을 중시하는 유목 문명과, 정착과 자급자족을 중시하는 농경 문명 간의 차이를 상징한다고도 할 수 있다.

　성을 쌓지 말라는 칭기즈 칸의 말처럼 중국 대륙을 처음으로 통일했던 진나라는 진시황의 다음 대에 순식간에 붕괴되고 말았다. 진의 멸망에는 환관정치로 인한 혼란 등 여러 이유가 있지만 만리장성 등 거대 토목공사에 따른 민심 이반이 첫 번째 이유로 꼽는다. 외적으로부터 나라를 지키기 위해 쌓은 장성이 뜻밖에 내부의 적을 만들고 만 것이다.

원나라의 역대 황제들은 칭기즈 칸의 유언을 비교적 충실히 따랐다. 다만 성을 쌓고 지키며 농사를 지어 살아가는 한족 문화에 젖지 않으려는 일련의 조치가 도를 지나쳐 화를 부르기도 했다. 원나라는 몽골인들과 한족을 구분하고자 몽골인, 색목인, 화북인, 남송인의 순으로 계급제도를 도입했다. 그리고 마지막까지 저항한 남송 사람들을 사실상 노예로 만들었다.

원나라는 중국을 지배한 다른 왕조에 비해 관료와 행정조직이 아주 미약했지만 과거제를 실시하진 않았는데 이는 유학에 뛰어난 한인들이 정부를 장악하는 걸 막기 위해서였다. 그래서 고급 관료는 몽골인 아니면 색목인뿐이었고, 화북인이나 남송인은 재주가 아주 뛰어나면 일부 특채되었을 뿐이었다. 이런 차별적인 통치가 결국 반발을 불렀고 제국의 수명이 백 년을 넘기지 못하고 말았다.

성을 쌓지 말라는 게 정확히 칭기즈 칸의 말인지에 대

해서는 논란이 있다. 당시 몽골은 문자가 없었기에 기록을 남겨야 한다는 생각 자체를 하지 않아 이게 정확히 칸의 말인지는 확실하지 않다. 하지만 이게 칸의 말이라고 두고두고 회자되는 데는 다 이유가 있을 것이다.

로마제국은 새로 정복하는 곳에 도로를 먼저 만들었다. 이게 그 유명한 로마의 가도다. 로마인들은 "전쟁이란 병참으로 이기는 것"이라고 자신했을 만큼 수송과 보급을 중시했다. 그렇기에 도로 건설은 정복지의 안정적인 방어를 위해서도 필수불가결한 것이었다. 로마인들이 만든 도로는 고대부터 유명했고 아주 견고하게 만들어져 그중 일부는 오늘날에도 멀쩡히 사용되고 있다. 반면 성을 쌓는 데는 소극적이었다. 로마의 초대 황제 카이사르는 "로마는 침략받을 일이 없으니 성벽이 필요없다"라며 허물어 버렸을 정도다. 지금의 로마 성벽은 2세기 말 로마가 쇠퇴하기 시작하면서 로마의 방비를 위해 마르쿠스 아우렐리우스 황제가 만든 것이다.

반면 우리나라, 특히 조선의 사정은 정반대였다. 국토 어디를 가도 쓸 만한 도로라는 게 없었다. 그 이유가 오늘날의 관점에서 보면 놀라운데, 전쟁이 나면 도로가 적군의 침투 경로가 될 수 있다는 것 때문이었다.

도로가 엉망이니 물자를 수송하는 데 필수인 수레를 사용할 수 없었고 당연히 상업도 발전하지 못했다. 개인이 물건을 직접 나르는 보부상 체제가 조선에서 운용되던 거의 유일한 운송 체제였다. 물자 수송의 어려움을 이유로 도로 건설을 요구하는 목소리가 조선시대에 아주 없었던 건 아니지만 안보상의 이유로 번번이 묵살되곤 했다. 조선 후기 실학자 박지원이 쓴 『열하일기』에는 다음과 같은 구절이 있다.

"타는 수레와 싣는 수레는 백성들에게 가장 중요한 것이라 시급히 연구하지 않을 수 없다. 우리나라에선 수레가 제대로 보급되지 않아 운반이 어려워 바닷가 사람들은 지천으로 널려 있는 새우와 정어리를 거름으로 밭에 내지만, 서울에선 한 움큼에 한 푼이나 주고 사야 되며, 영남지방의 아이들은 새우젓이 무엇인지도 모른다. 나라가 가난한 건 국내에 수레가 다니지 못한 까닭이다. 그런데도 사대부들은 수레를 만드는 기술이나 움직이는 방법에 대해 연구하지 않고 한갓 글이나 읽고 있을 뿐이다."

카이사르와 칭기스 칸은 길 위에서 살고 죽었다. 하지만 진시황과 조선의 위정자들의 선택은 그와 반대였다. 칭기스 칸의 유언을 충실히 지켰던 후예들도 실은 칸이 남긴 정신의 껍데기만 따랐을 뿐이다. 길을 만드는 건 밖으로 열린 세계로 나아가고자 함인데 원나라의 황제들은 길을 추구하면서도 자신들과 한족들을 나누는 닫힌 세계에 살았던 것이다.

성이 안전하지만 닫힌 세계라면 길은 위험하지만 열린 세계다. 길은 인간에게 위험과 기회라는 모순되는 두 가지 가능성을 제공한다. 길은 수송과 보급을 원활하게 해 상업을 진흥하고 국가를 부강하게 만들지만 조선의 위정자들이 걱정했던 대로 전시에는 적군의 침입 경로가 되기도 한다.

대한민국의 경제 영토를 넓히는 FTA를 보는 시선도 이와 같을 것이다. 경제 일꾼들에게 FTA는 세계로 열린 가도다. 당연히 FTA 역시 위험과 기회의 두 가지 가능성을 제공한다. 세계로 나가 무한경쟁을 하는 건 힘들 수도 있고 그 과정에서 실패를 맛볼 수도 있다. 하지만 길을 대했던 자세가 상이했던 로마와 조선에게, 진나라와 몽골제국에게 각각 어떤 다른 운명이 기다리고 있었는지를 생각한다면 지금 우리가 나아가야 할 방향에 이견이 있을 수는 없을 것이다.

우리나라는 무역으로 경쟁력을 키우고 성장한 나라이다. 그럼에도 여전히 무역에 대해 호의적이지 않은 분야가 있다. 이 분야만은 너무 특별해서 무역을 하기보다는 우리 안에서 해야 한다는 것인데, 가장 대표적인 분야가 농업이다. 쌀을 꼭 국내에서 생산해야 한다는 논리는 과거 유치산업보호론을 연상시킨다. 경쟁력이 약하니까 보호하고 나중에 강해지면 개방하자는 것이다. 하지만 보호와 지원 속에서는 경쟁력이 강해질 수 없다. 경쟁력은 개방과 경쟁을 통해 생기는 것이다. 실제로 우리 농업은 오랜 보호 속에서 지원금을 받기 위한 정치적 로비에 집중해왔고, 그 결과 농민들은 빚에 허덕이고 있다. 지키려고 문을 닫아 거는 순간, 서로가 서로를 가두면서 가난에 빠지게 되는 것이다.

흥선대원군의 길,
후쿠자와 유키치의 길

흥선대원군과 쇄국정책

"서양 오랑캐가 침범해 올 때 싸우지 않음은 곧 화친을 주장하는 것이며, 화친을 주장하는 건 곧 나라를 파는 것이다."

– 1871년 신미양요가 발발한 뒤 세워진 척화비 비문

흥선대원군 하면 떠오르는 이미지는 척화비, 쇄국정책, 위정척사와 같은 꽤나 고리타분한 것들뿐이다. 그게 사실이 아니라고 할 순 없지만 그런 이미지가 흥선대원군의 전부를 설명해 주는 것도 아니다.

예컨대 흥선대원군이 조선 말기 실학자로 유명한 추사 김정희문하에서 수학했단 사실은 잘 알려지지 않았다. 호

포제 실시, 서원 철폐, 환곡제 폐지와 사창제 실시, 비변사 폐지와 의정부 부활 등 흥선대원군이 이룬 일련의 개혁 정책은 상당 부분 실사구시實事求是를 추구했던 추사 실학의 영향을 받은 것인데도 말이다.

　내치에서 뛰어난 개혁 정치가의 모습을 보여준 흥선대원군이 세상 물정 모르는 노인처럼 비춰지게 된 건 역시 그의 강력한 쇄국정책 때문이다. 여기서도 변명의 여지가 아주 없는 건 아니라서 원래 조선은 500년 내내 쇄국이 국가 정책이었으니 마치 흥선대원군이 쇄국의 대명사인 양 알려진 건 다소 억울한 일이다.

다만 독일인 오베르트가 흥선대원군의 아버지 남연군의 묘를 도굴하려다 실패한 사건은 흥선대원군에게 꽤 큰 충격을 줬고 그의 쇄국정책에도 지대한 영향을 줬다고 한다. 제너럴 셔먼 호 사건, 병인양요, 신미양요를 거치며 조선은 극도로 폐쇄적인 사회가 돼 버렸다.

후쿠자와 유키치와 메이지유신

흥선대원군의 쇄국정책이 조선을 지배할 때 일본의 움직임은 달랐다. 에도막부가 무너지고 국가 정체가 천황 중심의 근대 국가로 바뀌는 대변화가 일어났다. 1868년 메이지 연호에서 따온 메이지유신明治維新은 일본의 정치, 경제, 사회를 완전히 뒤바꿔 놓았다. 그리고 그 배후에는 유신에 사상적 기초를 제공한 철학자 후쿠자와 유키치福澤諭吉가 있었다.

흥선대원군보다 열다섯 살 아래였던 유키치는 일본 하급무사의 아들로 태어났다. 유키치는 실력이 있어도 성공할 수 없는 계급사회에 상당한 불만을 가지고 있었다고 한다. 이런 점에서 유력 왕족으로 태어난 흥선대원군과는 다른 길을 걸을 수밖에 없었는지도 모른다.

개화기에 한미한 집안 출신이 출세할 수 있는 길은 몇 가지 없었는데 다행히 유키치는 외국어에 재능이 있었던 모양이다. 그는 막부의 하급 통역관으로 유럽과 미국을 순방할 수 있는 기회를 얻었고 이것이 유키치의 인생을 뒤바꿔 놓았다고 한다.

개화기의 지식인으로서 유키치는 유럽과 미국을 둘러본 뒤 언론과 교육 활동에 전념했다. 그는 오늘날 일본의 손꼽히는 명문대학인 게이오대학교와 유력 언론사 산케이신문의 설립자이기도 하다. 현대 일본인들에게도 널리 읽히는『학문의 권장』에서 그는 "하늘은 사람 위에 사람을 만들지 않았고 사람 아래 사람을 만들지 않았다"라며 만인은 각기 불가침의 권리를 갖는 평등하고 독립적인 인간이라고 주장하기도 했다.

그의 정치관은 막부정치 대신 서구 문물을 받아들여 개혁할 것을 추구했다. 그의 사상은 메이지유신은 물론 조선의 갑신정변에도 큰 영향을 끼쳤다. 급진 개화파의 중심인물인 김옥균은 유키치를 신선 같은 인물이라며 스승으로

모셨고, 후쿠자와도 김옥균을 높이 평가한 걸로 보아 개인적으로도 친분이 깊었던 것으로 추정된다.

홍선대원군이 실각한 뒤 조선은 일본과 강화도조약을 맺으며 나라의 문호를 열지만 개화파와 양이파 간의 갈등, 개화파 내부의 노선 갈등으로 망국의 길을 걷는다. 개항한 뒤에도 홍선대원군은 국가 원로로서 20년 넘게 정치에 관여했지만 결과는 대부분 좋지 못했다.

개혁과 개방은 당시 조선에게나 일본에게나 절체절명의 과제였다. 이미 서양 열강에게 세계사의 주도권을 내준 상황에서 개방을 하느냐 하지 않느냐는 선택 사항이 아니었지만 뛰어난 개혁 정치가였던 홍선대원군도 이를 감지하지 못했다. 반면 일본의 근대화를 이룬 건 하급무사 집안 출신의 사상가였다. 개방된 사회, 열린사회로 가는 길은 어쩌면 우리 사회 내부의 닫힌 문부터 열면서 시작해야 하는지도 모른다.

열린사회의 키워드, 개방성

"우리는 금수로 돌아갈 수도 있다.
그러나 우리가 인간으로서 살아남고자 한다면
우리에게는 오직 하나의 길이 있을 뿐이다.
그 길은 열린사회의 길이다."

- 영국의 자유주의 철학자 칼 포퍼^{Karl Popper}의 『열린사회와 그 적들』 중에서 -

『로마인 이야기』에 담긴 세계성

역사 에세이 『로마인 이야기』

　『로마인 이야기』는 일본 여류 작가 시오노 나나미鹽野七生가 필생의 역작으로 쓴 열다섯 권의 역사 에세이다. 1992년부터 한 해에 한 권꼴로 출간되기 시작해 2008년에 모두 완간됐다. 신간이 출간될 때마다 항상 우리나라와 일본의 역사 분야 베스트셀러 수위를 차지했다.

　우리나라의 경우 작가 특유의 딱딱한 일본식 문체를 번역가가 한국인들에게 다가가기 쉽게 고쳐 쓴 게 주효했다고 한다. 『로마인 이야기』는 대학 도서관 등에서 오랫동안 대출 순위 1위를 놓치지 않을 정도였다. 책을 많이 읽는 층에서 특히 큰 인기를 얻었고 엄청난 판매량에 책을 낸 출판사는 돈방석에 앉기도 했다.

정통 역사서가 아닌 작가의 주관적 견해가 많이 반영된 역사 에세이물인지라 일본인 특유의 세계관이 곳곳에 보인다는 등 비판도 있다. 그래서 그녀의 책을『삼국지연의』에 빗대 일종의 '로마사연의'라고 평가하는 이들도 있다. 『로마인 이야기』는 종종『이문열 삼국지』와도 비교되는데, 이문열의 삼국지 작업 덕에 국내에 삼국지 붐이 일었던 것과 비슷하게 이 작품으로 한국과 일본에서 로마사 붐이 형성됐다는 점이 그렇다. 어쩌면『로마인 이야기』에 논란이 많은 건 이 책이 그만큼 사랑을 받은 베스트셀러라는 방증이라고 볼 수도 있겠다.

일본인이 쓴 로마 에세이를 한국인이 읽는 시대

사실『로마인 이야기』는 로마만큼 세계적인 책이다. 역사상 출현한 제국들 중 로마만큼 오늘날까지도 강력한 영향을 미치는 제국은 드물다. 로마의 언어 라틴어와 그들이 만든 로마법은 현대에도 서양 문명을 이해하는 데 중요한

토대를 제공한다. 콘스탄티누스 대제에 의해 공인돼 지금의 세계적인 종교가 된 기독교는 더 말할 게 없다.

일본과 한국의 일반 대중들에게 지구 반대편의 2천 년 전 제국의 이야기가 세세한 데까지 보급된 공은 상당 부분 시오노 나나미 개인에게 있다. 시오노 나나미가 등장하기 전에도 에드워드 기번의『로마제국 흥망사』등 로마사를 다룬 책이 전혀 없는 건 아니었다. 하지만 그녀의 책만큼 동아시아 대중의 눈높이에서 그 지적 욕구에 맞춰 성공한 책은 없었다. 이 책을 계기로 로마는 물론 서양 문명에 관심을 갖게 됐다고 말하는 독자들이 많다. 일본인 작가가 쓴 고대 유럽사 책을 한국인 독자들이 읽고 열광하는 세상이 된 것이다. 로마가 세계 제국인 만큼『로마인 이야기』도 세계적인 책인 것이다.

세계화 시대에『로마인 이야기』와 같은 작업은 사실 여기저기서 진행되고 있다. 얼마 전 서울 시내 곳곳에선 할리우드 영화 〈어벤져스2〉의 촬영이 있었다. 콧대 높은 할리우드 제작진이 자신들의 영화에 현대적인 서울의 모습을 담기 위해 태평양을 건너 우리나라를 찾은 것이다.

물론 한국의 영화시장이 할리우드가 무시할 수 없을

만큼 커졌고 2012년에 개봉한 〈어벤져스〉가 600억 원을 벌어들였다는 게 현지 촬영의 이유일 것이다. 하지만 그 덕에 우리는 미국인이 만들어 전 세계로 개봉하는 영화를 통해 현대적인 한국의 모습을 알릴 수 있게 됐다. 할리우드 영화 덕에 저절로 나라를 홍보할 기회를 얻은 것이다. 우리로선 손 안 대고 코 푸는 격이랄까? 가히 지구촌시대라고 할 만한다.

세계화는 뭔가 추상적이거나 대단한 게 아니다. 〈어벤져스2〉와 같은 글로벌 협력 작업은 우리 영화계에서도 이미 이루어지고 있다. 십여 년째 동아시아를 강타하고 있는 한류를 생각해보자. 한류 덕택에 한국인 감독이 일본에서 투자자를 유치해 중국인 배우를 캐스팅한, 이른바 한중일 합작영화를 만든다는 기사를 간간이 본다. 지금 당신이 보고 있는 책 한 권, 영화 한 편에도 세계화가 부여한 혜택이 듬뿍 담겨져 있다. 정말 멋진 세상 아닌가?

네덜란드 인 하멜이 본
17세기 조선

하멜 표류기

『하멜 표류기』는 헨드릭 하멜Hendrik Hamel이라는 네덜란드 한 선원이 제주도에 난파해 13년간 조선에서 보고 겪은 경험담을 기록한 것이다. 그는 원래 인도네시아 자카르타에서 대만을 거쳐 일본 나가사키로 향하던 중이었다고 한다. 인도네시아는 네덜란드의 식민지였고 일본 나카사키는 일본이 쇄국정책을 쓸 때에도 네덜란드와의 교역으로 유명했던 도시다.

하멜이 네덜란드 선단에서 맡은 역할은 서기로, 항해 중 겪은 모든 일을 기록하는 것이었다. 글을 알고 기록을 남기는 데 익숙했기에 다른 선원들과는 달리 귀국한 뒤 표류기를 쓸 수 있었다고 한다. 더구나 조선에 대해 글을 쓴 목적은 서양 사회에 조선을 알리는 차원이 아니라 조선에 억류된 기간 동안 못 받은 임금을 네덜란드 동인도 회사에 청구하기 위한 일종의 자료 성격에 가까웠다고 한다. 뼛속까지 장사꾼 기질을 타고났다는 네덜란드 인답다는 생각을 하지 않을 수 없다. 현재 제주도는 네덜란드의 지원을 받아 하멜 일행이 표류해 온 용머리 해안 일대에 큰 범선 형태의 건물을 지어 기념하고 있다.

하멜의 기록에 묘사된 당시 조선의 상황은 지금 우리가 상상한 이상으로 세계와 격리돼 지내는 나라였다. 큰 키의 벽안의 남자들이 대거 상륙했으니 놀랄 법한데도 하멜 일행이 어디에서 왔는지 별로 관심이 없었다고 한다. 그저 중국의 남쪽 남만南蠻에서 왔다고 치부했을 뿐이었다.

남만은 특정 지역을 의미하기보단 중국을 중심으로 동서남북 방향의 이민족을 각각 동이, 서융, 남만, 북적이라 부르는 의례적 표현이었으니 하멜 일행이 그저 중국인이 아니라는 의미 이상은 없었다. 하멜 일행은 그렇게 남만 출신이 돼 조선에서 모두 남南씨 성을 받았다고 기록돼 있다. 『하멜 표류기』에서 하멜은 자신의 조선식 이름을 밝히지 않

앉으나 『조선왕조실록』 효종 편에 남북산南北山이라는 그의 동료의 이름이 나와 있다. 남북산은 하멜에 앞서 조선을 탈출하려다가 죽은 인물이다.

당시 조선은 물 샐 틈 없는 쇄국정책을 써 외국인을 나라에 들이지 않았지만 한 번 들어온 외국인을 다시 외국으로 내보내지도 않았다. 아무래도 나라 안의 사정이 외부에 알려질까 두려워했던 것 같다. 그렇게 십수년을 조선에서 보내다가 일본 나가사키로 탈출한 뒤 일본 당국의 면밀한 조사로 이들이 네덜란드 인인 게 밝혀졌고 그 사실이 다시 조선에 알려졌지만 조선의 반응은 무덤덤했다고 한다.

쇄국정책은 하멜시대만의 것인가?

『하멜 표류기』가 출간된 후 유럽에서 조선에 대한 관심이 높아졌다. 전혀 알려지지 않았던 조선이 유럽에서 알려진 데다가 당시 일본이 조선과의 중계무역에서 많은 이익을 얻고 있다는 사실이 밝혀졌다. 상인들의 나라 네덜란드가 이 발견에 가장 적극적이어서 네덜란드 동인도 회사는 조선과의 직접 교역을 위해 1,000톤 급의 선박인 코레아 호를 건조하기도 했다.

하지만 조선의 무역을 독점하기를 원했던 일본의 에도 막부의 반대로 코레아 호는 조선으로 항해하지는 못했다고 한다. 사실 조선 정부가 적극적이었다면 일본의 반대는 별 문제가 안 됐을 텐데 당시 조선 정부 역시 외국과의 교역에 관심이 없었다.

우리가 흔히 알고 있는 쇄국정책은 실은 흥선대원군이 아닌 조선왕조 내내 유지돼 온 시책이었던 것이다. 일례로 하멜의 표류 사건 이후 수십 년 뒤에 살았던 실학자 박제가는 "조선 400년간 딴 나라의 배는 한 척도 들어오지 않았다"고 한탄하며 바닷길을 통한 통상을 주장했지만 역시 받아들여지지 않았다.

당시 조선에 표류해 온 네덜란드 인은 놀랍게도 하멜 일행만이 아니었다. 하멜 일행이 도착하기 20여 년 전에도 얀 야너스 벨테브레이Jan Janesz Weltevree라는 네덜란드 인 한 무리가 표류해 왔던 것이다. 우리에게는 박연이라는 이름으로 잘 알려진, 조선에 정착한 최초의 유럽인이다. 먼저 도착한 네덜란드 인이 있음에도 조선 정부가 하멜 일행의 국적을 알지 못했던 건 애초 박연의 국적이 어디인지 더 조사하지 않았던 탓이 크다. 박연도 『조선왕조실록』에 그저 '남만인 박연'으로 기록돼 있다.

이처럼 조선인들은 이들이 왜 망망대해를 떠돌다 조선에까지 표류해 왔는지 알지 못했고 알려고도 하지 않았다. 유럽의 한 작은 나라의 사람들이 모험심을 갖고 전 세계를 탐험했던 시기, 아시아의 한 작은 나라는 심지어 그들에게로 난파돼 온 사람들에게서조차 아무런 정보를 캐내지 않았던 것이다. 대항해시대 네덜란드는 스페인, 영국, 프랑스와 어깨를 겨누는 강대국으로 성장했지만 조선은 훗날 초라한 식민지로 전락했다. 21세기 쇄국정책의 망령이 행여 우리의 목을 다시 조르지는 않을지 돌아볼 일이다.

세종대왕은 김치를
먹은 적이 없다?

배추김치 이야기

한국인이 즐겨 먹는 빨간 배추김치는 우리 전통식품의 상징과도 같은 존재다. 하지만 빨간 김치가 우리 식탁에 등장한 게 불과 백여 년이 안 됐다는 사실은 잘 알려져 있지 않다. 믿기지 않겠지만 사실이다.

김치를 만드는 데는 배추와 고추, 소금, 젓갈 등이 필수적이다. 빨간 김치에 필수적인 고추가 우리나라에 전래된 게 임진왜란 이후다. 고추의 원산지는 남미인데 지리상의 발견 이후 남미에서 유럽으로 전파됐고 다시 일본을 거쳐 우리나라로 유입된 것이다. 조선 중기에 편찬된 백과사전 『지봉유설』엔 "고추가 일본 유입종이라 하여 왜겨자倭芥

ヂ라고 불렸다"라고 기록돼 있다. 그전엔 보통 추어탕을 먹을 때 넣는 검은 초피가루를 썼다. 김치에 젓갈을 쓰게 된 것도 고추가 젓갈의 산패를 막는단 걸 안 뒤부터다.

거기에 김장에 필수적인 통배추는 빨라야 19세기 말에 중국으로부터 전래됐다. 그전까진 지금 우리가 먹는 배추와는 다른 재래종 배추를 사용했는데 잎사귀가 흐물흐물한 게 재래종 배추로 만든 김치는 지금의 김치와 사뭇 달랐다고 한다.

우리에게 민족 고유의 전통음식으로 알려진 김치가 전국 각지에 정착된 건 불과 백여 년 전의 일이다. 그 말은 우리의 화폐 속 역사적 인물들인 이순신, 퇴계 이황, 율곡 이이, 세종대왕, 신사임당은 빨간 배추김치를 본 적도 먹은 적도 없다는 이야기가 된다.

생각해보면 김치만 그런 게 아니다. 전래된 시간상의 차이만 있을 뿐 우리의 전통문화라고 여겼던 것들 중 정말 우리 고유의 것은 몇 되지 않는다. 우리말 어휘의 70%를 차지하는 한자어는 중국에서 전래됐다.

각각 삼국시대와 고려시대, 조선시대에 국가의 주요 사상이었던 불교와 유교도 우리 고유의 종교가 아니다. 삼국시대 불교의 공인 과정에서 있었던 이차돈의 순교만 봐도 외래 종교가 우리나라에 뿌리를 내리는 게 예나 지금이나 쉽지 않았음을 짐작할 수 있다. 근대 이후에 전래된 기독교는 말할 것도 없다.

하다못해 성씨도 조선 후기에 들어와 신분 질서가 무너질 때 중국의 성씨를 받아들인 결과다. 중국엔 없는 우리 고유의 성씨는 한국의 수백 개 성씨 중 불과 네 개에 지나지 않는다.

고인 물은 썩는다

가끔씩 외래문화를 배격하고 우리의 전통문화나 사상을 지켜야 한다고 주장하는 이들을 본다. 하지만 우리의 전통문화나 사상은 끊임없이 외국의 문물과 상호 교류하고 호흡하는 과정에서 만들어졌다. 인도와 중국에서 기원한 종교를 들여왔지만 한국의 불교와 유교는 종주국에서도 인정받을 만큼 한국 고유의 문화가 됐다. 예컨대 우리의 퇴계학은 일본으로 전파돼 크게 연구됐고 오늘날 일본과 중국의 유학자들도 퇴계사상의 독창성을 인정하고 있다. 우리가 중국에서 가져온 성씨를 쓴다고 우리 조상이 중국인이 되는 것도 당연히 아니다.

자유무역도 마찬가지다. 그게 사상이든 재화나 서비스든 자유로운 교역이 더 나은 삶으로 연결됐음을 역사가 증명하고 있다. 남미에서 고추가, 중국에서 통배추가 전래되지 않았다면 우린 지금도 허접한 배추를 소금에 절인 거의 짠지와 같은 형태의 김치를 먹고 있을 것이다. 우리의 전통적인 빨간 배추김치는 뜻밖에도 자유로운 교류가 낳은 근대의 산물이었던 것이다.

사회가 개방성을 유지한다는 것은 새로운 것이 창조될 수 있는 가능성을 열어두는 일이다. 새로운 것은 낯선 것이기도 해서 처음에는 돌연변이로 취급되고 배척될 수도 있다. 하지만 익숙하지 않은 것을 받아들이는 관용의 태도는 진보로 나아가는 자세이기도 하다. 우리 것은 좋은 것이라며 외부에서 들어오는 것을 배척하기보다 열린 마음으로 대하는 성숙함이 필요하다. 고유한 것들과 섞여 새로운 융합이 일어날 수 있어야 신세계가 열릴 수 있다.

갇힌 민족주의와
열린사회[14]

관동대지진

1923년 9월 도쿄를 중심으로 하는 일본 관동지방에서 리히터8로 추정되는 대지진이 일어났다. 거의 20만 명에 가까운 사망자와 실종자가 발생했다. 이 지진으로 도쿄 일대는 거의 풍비박산이 났다. 그 피해가 너무 막심해 한동안 교토 등으로 수도를 옮기자는 주장이 나왔을 정도라고 한다.

하지만 관동대지진이 오늘날까지 인구에 회자되는 일대 사건이 된 건 정작 지진 때문이 아니다. 그건 관동대지진이라는 비극적 재해를 관동대학살이란 역사적 비극으로 만든 일제의 만행 때문이다. 누구의 입에서부터 시작된 건

지는 모르지만 "조선인들이 지진으로 혼란한 중에 우물에 독을 풀고 있다"라는 유언비어가 급속히 확산됐다. 공포와 분노에 사로잡힌 군중에 의해 곳곳에서 학살이 벌어지기 시작했다.

조선인인 걸 색출하기 위해 조선인이 발음하기 어려워하는 일본어 단어를 물어봤다고 한다. 이 과정에서 관동에서 멀리 떨어진 지방 출신의 일본인들까지 발음이 어색하다는 이유로 대거 희생됐다고 하니 당시의 혼란상이 어땠는지 짐작이 간다. 사태를 수습해야 할 일본의 치안 당국은 꽤 소극적이었고 경우에 따라 학살을 조장하기까지 했다고 한다. 지진으로 흉흉해진 민심을 달래기 위한 희생양이 필요했다는 분석이다. 대한민국 임시정부에 의하면 이때 희생된 조선인의 수가 6천 명에 이른다고 한다.

한 사회가 위기에 처했을 때 그 사회 안의 소수자, 외부인들에게 가해지는 테러는 슬프게도 역사적으로 너무 자주 반복돼 온 일이다. 아무리 안정되고 문명화된 사회라고 해도 경우에 따라 그런 큰 혼란을 겪기도 한다. 우리나라처럼 민족주의 성향이 강한 사회라면 특히 그런 일이 벌어지기 쉽다.

이명박 정권 초기였던 2008년 대한민국은 가히 몸살을 앓았다. 영국과 미국으로부터 전해진 이른바 미친 소, 광우병 논란 때문이었다. 광우병에 걸린 소의 고기를 먹으면 소에서 나타난 증상이 인간에게로 전이된다는 것인데 실제 영국에선 인간에게서 발병한 사례가 있었다. 다만 미국에선 광우병 발병 사례가 사실상 없었고 미국의 쇠고기 검역 기준이 우리보다 더 엄격해 딱히 우리가 미국에게 수입 금지를 요구할 명분이 마땅치 않은 상황이었다.

하지만 정권교체와 함께 일어난 민족주의 정서는 그렇지 않아 미국산 쇠고기의 수입을 허가해 준 데 대해 거의 정권 퇴진 수준의 저항이 일었다. 거기다 쇠고기 논쟁이 미국과의 통상 문제와 연결되면서 우리가 힘이 없어 미국산 쇠고기를 사줘야 하는 지경에 이르렀다는 식으로 민족주의적 감정에 불을 지피고 만 것이다. 광우병의 위험성에 대한 논쟁이 정치적으로 가열되면서 검증되지 않은 주장이 횡행했다. 유언비어와 오염된 지식이 횡횡하는 사회는 위험하다. 진실을 말하고 밝히는 일은 사회의 건강성을 높이고 사회통합을 가능케하는 바탕이다.[15]

영국의 자유주의 철학자 칼 포퍼Karl Popper는 그의 명저 『열린사회와 그 적들』에서 "우리는 금수로 돌아갈 수도 있다. 그러나 우리가 인간으로서 살아남고자 한다면 우리에게는 오직 하나의 길이 있을 뿐이다. 그 길은 열린사회의 길이다"라고 썼다. 포퍼는 제2차 세계대전을 겪은 유태인이었는데 나치의 비뚤어진 민족주의가 부른 비극이 다시는 없어야 한다고 생각해 『열린사회와 그 적들』이라는 책을 집필하게 됐다고 한다.

포퍼가 말한 열린사회를 만드는 데 필수적인 건 시민들의 공정하고 객관적인 시각이다. 아울러 상반되는 주장 양쪽을 모두 파악하고 보다 합리적인 걸 고를 수 있는 판단력이다. 찬성하는 쪽과 반대하는 쪽 모두에게 '지식과 교양'이 필수적이란 얘기다.

유언비어는 열린사회와 자유민주주의의 적이다. 유언비어가 횡횡하는 상황에서 민주주의가 꽃피기는 어렵다. 그건 시민들의 합리적이고 정상적인 사고를 방해한다. 하지만 이런 비극은 종종 발생하는데 사회의 민주주의 수준이 덜 성숙했거나 이런저런 이유로 외부와 고립된 사회에서 잘 일어난다. 여기에 민족주의적 감정이 개입되면 사태의 악화를 막을 수가 없게 된다.

관동대학살이나 광우병 논란 모두 잘못된 정보나 유언비어가 민족주의적 감정과 결부될 때 어떤 비극이 발생할 수 있는지에 대한 값비싼 교훈을 준다. 사상, 주장, 의견의 자유로운 개진과 검증은 열린사회에서만 가능하고 이 같은 역사적 비극의 반복을 막을 수 있다.

선진국과 교류하면 후진국이 손해를 본다는 피해의식도 문제다. 선진국들이 자유무역을 통해 우리를 착취한다는 생각은 스스로를 울타리에 가두는 닫힌 생각이다. 이런 생각을 퍼뜨리는 민족주의 세력은 자신들의 정치권력하에 국민을 가두려는 정치적 의도를 가지고 있다. 쿠바의 카스트로Fidel Castro, 베네수엘라의 차베스Hugo Chavez가 민족주의를 앞세워 국민을 가둔 대표적인 독재자들이다.

소믈리에 A씨와
FTA

소믈리에 A씨의 직업 이야기

A씨의 직업은 소믈리에다. 불과 10여 년 전까지만 해도 직업이 소믈리에라고 하면 알아듣는 사람이 거의 없었다. 와인을 관리하고 고객의 기호에 적합한 와인을 추천하는 와인 전문 바텐더라고 설명해도 잘 알아듣지 못하긴 마찬가지였다. 그의 직업은 거의 전적으로 2004년에 체결된 한·칠레 자유무역협정FTA의 덕을 톡톡히 봤다고 할 수 있다.

한·칠레 FTA가 체결된 뒤로 값싸고 질 좋은 칠레산 와인이 많이 수입됐다. 고급 와인과 함께 중저가 와인도 많이 들어오면서 고급술의 대명사 같았던 와인의 문턱이 한층 낮아졌다. 지금은 동네의 조그만 편의점에 가도 저렴한 와

인을 맘껏 마실 수 있게 됐다. 그렇게 와인의 맛에 사람들이 점점 익숙해졌고 한번 와인 맛을 들인 사람들이 와인 전문점에서 소믈리에가 취급하는 더 비싼 와인을 찾게 된 것이다. 최근에는 한·EU FTA로 프랑스산 와인이, 한미 FTA로 미국산 와인의 수입도 증가해 와인시장을 고르게 나눠 갖고 있다고 한다.

물론 A씨는 가상의 인물이다. 하지만 이 이야기가 한·칠레 FTA라는 실제 사건에 기반을 두고 있는 건 사실이다. FTA란 둘 이상의 국가가 서로 간에 수출입 관세와 시장 점유율 제한 등의 각종 무역 장벽을 없애기로 하는 글자 그대로 자유무역을 하자는 협정이다. 2009년을 기준으로 세계 무역량의 50% 이상이 FTA 체결국 간의 교역으로 알려져 있다.

국내 와인문화의 성장에 크게 기여를 했지만 사실 한·칠레 FTA는 우리에겐 FTA 예행연습에 가까웠다. 아세안에 이어 미국, 유럽연합과의 FTA도 체결했다. 한때 "수출로 먹고사는 한국이 정작 FTA의 미아가 되는 것 아니냐"는 안팎의 걱정도 많았지만 이젠 FTA로 동북아를 넘어 세계의 허브를 노리고 있다.

FTA의 효과[16]

FTA는 협정 당사국 간에 무역을 창출한다. 관세는 수출입품에 붙는 세금이다. 관세가 붙으면 당연히 수출입품의 가격이 상승하고 거래량은 감소한다. 경제학의 상식이다. 예컨대 10만 원짜리 와인에 2만 원의 관세가 붙는다고 가정해보자. 소비자가 비싸진 가격에도 와인을 구매한다면 와인 생산자는 10만 원의 소득을, 관세당국은 2만 원의 관세 수입을 얻게 된다. 소비자는 2만 원만큼 세금을 더 내기분이 나쁘겠지만 관세당국은 2만 원만큼 수입이 생겨 행복할 테니 세상 전체로는 이익도 손해도 아닌 상황이다.

하지만 호주머니에 10만 원 밖에 없는 소비자라면 경우가 다르다. 관세가 없었더라면 와인을 구매했을 소비자는 그저 빈손으로 돌아서야 한다. 이 경우 생산자는 10만 원의 소득이 날라가고 소비자는 와인을 구매해 마셨을 때 얻을 수 있었을 효용을 잃는다. 관세당국조차 이익이 없다. 거래가 없었기 때문에 당연히 세금도 발생하지 않아서다. 경제학에서는 이를 누구도 이익을 가져가지 못하는 사중손실이라고 부른다. 그런 관세를 낮춰 교역량을 늘려 양

측 생산자, 소비자 모두에게 이익을 가져다주자는 게 FTA의 취지다.

FTA에는 숨겨진 효과가 하나 더 있는데 어떤 나라가 FTA를 맺으면 그와 무역에서 경쟁관계에 있는 다른 나라들에게 FTA를 촉진하는 효과가 있다는 것이다. 지지부진한 WTO의 다자 간 협상 방식의 대안으로 양자 간 협상을 통해 여러 나라들이 서로 동시다발적으로 FTA를 맺으면 WTO가 진전되는 것에 준하는 효과를 얻을 수 있다.

소믈리에 A씨를 먹여살리고 있는 와인 이야기를 다시 해보자. 우리나라에 와인을 수출하는 데 칠레와 프랑스가 경쟁한다고 하자. 와인 한 병에 둘 다 10만 원이고 한국이 와인에 부과하는 관세가 2만 원이라고 하면 와인의 시장가격은 12만 원이 된다.

이때 한국이 칠레와 FTA를 체결해 칠레산 와인에만 관세가 철폐된다고 하면 한국 시장에서 칠레산 와인은 10만 원으로 가격이 떨어진다. 프랑스산 와인이 그대로 12만 원인데 말이다. 가격 경쟁력이 떨어진 프랑스는 시급히 우리와의 FTA를 추진하려 들 것이다. 이렇게 한 나라와의 FTA가 다른 나라와의 FTA를 촉진하는 FTA의 선순환 효과가 발생한다고 말할 수 있다.

하지만 FTA의 효과는 이렇게 바로 계산 가능한 정량적인 효과만 있는 것은 또 아니다.

와인 소믈리에라는 직업을 만들었던 자유무역협정은 이제 다른 분야에서 소믈리에를 창출하고 있다. 김치 소믈리에나 채소 소믈리에가 그것이다. 한미 FTA를 통해 미국의 값싼 농산물이 밀려들어오고 있고 그것이 보수적이었던 우리 농가의 자각을 불러온 것이다.

이미 농촌을 중심으로 하는 여러 지자체와 민간단체에서 단순히 농산물을 생산하고 판매하는 데 그치는 게 아닌 요리와 요리 체험, 생산지 연계 숙박 등을 함께하는 먹거리 프로그램을 개발 중이라고 한다. 인류 역사에서 가장 오래된 직업인 농부가 먹거리 소믈리에라는 전혀 새로운 직업으로 변신하는 중이다. 경쟁은 언제나 의외의 가치 창출을 동반한다.

경제도 축구처럼 벤치마킹하라

2002년 한일 월드컵에서 거스 히딩크 감독은 약체로 평가받던 한국을 세계 4강이라는 놀라운 성적으로 이끌었다. 그는 이미 1998년 월드컵에서 조국 네덜란드를 지도하며 4강의 성적을 달성한 바 있었다. 하지만 세계 축구의 변방에서 거둔 4강이란 성적은 그를 축구계의 일류 명장으로 자리매김하기에 충분했다.

그는 한 인터뷰에서 "한국은 축구를 하기엔 불행한 나라"라고 밝힌 바 있다. 주변에 축구를 잘하는 다른 나라들이 없다는 말이다. 동아시아에서 가장 앞선다는 일본도 한국과 별반 차이가 없으니 벤치마킹할 주변 국가가 사실상 없다는 말이 사실이다.

축구 강국들은 대부분 유럽과 남미에 집중돼 있으니 그런 나라들과 친선경기 한 번 하려면 시차가 한참 떨어진 대륙까지 가야 한다. 그래서인지 그는 국가대표팀 소집이 없는 기간엔 거의 항상 유럽으로 날아가 레알 마드리드나 맨체스터 유나이티드 같은 명문 클럽의 경기를 관전하곤 했다. 적어도 감독만이라도 세계 축구의 트렌드에 뒤처지지 않기 위해서였다.

몇몇 언론에서는 "한국 대표팀 감독이 정작 한국엔 별로 체류하지 않는다"면서 비아냥댔지만 그는 월드컵에서의 기적 같은 성적으로 그런 모든 비판을 불식시켰다. 많은 국민들 역시 주변에 축구 강국이 없는 여건 속에서도 그 같은 성적을 낸 데 만족스러워했다.

축구만큼 경제도 벤치마킹이 중요하다

우리가 '한강의 기적'을 이루며 세계가 주목할 만한 성장을 이룬 비결은 뭘까? 근면한 국민성, 뛰어난 기업가정신, 경쟁을 촉진한 정부정책 등 이유는 많다. 좀 더 개별적인 사안으로 들어가자면 독일에 인력을 수출한 일이나 베트남 전쟁을 통해 미국으로부터 받은 유무형의 지원 등을 언급하는 이들도 있을지 모른다.

그런 이유들과 함께 가깝고도 먼 이웃나라 일본을 우리 경제발전의 성공 요인으로 드는 이들도 있다. 우리 경제의 성공은 세계적인 선진국이었던 일본을 배우는 개방정신으로부터 나왔다고 하면 과언일까?

요즘은 좀 덜하지만 매해 연초만 되면 일본에 가서 신년 사업구상을 하는 재계 총수들이 많았다. 일본이 제조업의 경쟁력을 세계적인 수준으로 끌어올린 걸 보고 우리도 제조업의 경쟁력을 키웠다. 그렇게 마쓰시타와 소니를 보고 삼성과 LG가 성장했고 이젠 그들을 추월하는 수준에까지 이르렀다.

사실 일본의 잘하는 산업군과 우리 산업군을 비교해보면 아주 유사하다는 걸 알 수 있다. 세계시장에서 최고의 산업 선진국인 일본과 우리의 수출품이 많이 겹쳐 힘들다고 하는데 그 말은 달리 해석하면 우리가 일본을 그만큼 많이 벤치마킹했다는 의미가 될 수도 있다. 철강, 화학, 전자,

기계, 통신, 반도체, 조선 등 우리 주력 수출품 대부분이 일본의 그것과 겹친다. 상대가 상대이니만큼 힘든 경쟁이나 그만큼 우리 실력을 키울 수 있었다.

최근 우리 경제의 저성장 국면을 놓고 일본식 장기불황인지 아닌지에 대한 연구가 활발한 것만 봐도 알 수 있다. 우리의 경제구조가 일본과 그만큼 유사하기 때문에 벌어지는 논쟁이다. 우리가 1990년대 일본의 이른바 '잃어버린 10년'의 전철을 밟을지 여부는 아직 확신할 수 없으나 적어도 앞서간 일본을 보고 대비할 시간은 가질 수 있다.

히딩크의 한탄처럼 한국은 축구를 하기엔 불행한 나라일 수 있다. 우리가 유럽에 있었으면 아마도 지금보다 훨씬 나은 축구 실력을 가지고 있었을 것이다. 아시아에서 가장 뛰어난 우리의 축구 실력을 감안하면 우리가 유럽에 있었다면 월드컵 16강 정도는 우습지 않았을까 생각한다. 한일 월드컵 전에는 유럽에서 비교적 중간 수준에 들어가는 폴란드조차 아시아 최강을 자랑하던 우리가 넘기 힘들다고 생각했다.

경제개발을 하기엔 우린 생각보다 아주 지정학적으로 좋은 위치를 가진 나라다. 아프리카의 나라들이 그토록 가난한 건 주변에 보고 배울 선진국이 하나도 없어서가 아닐까? 일본이란 이웃은 좋은 경제 스승이면서 동시에 좋은 반면교사다. 한때 우릴 식민 지배했던 나라라고 해서 무조건 백안시하지 않고 배울 건 배웠던 우리의 개방성도 퍽 다행스러운 것이다.[17] 지금은 일본을 뛰어넘어 개방된 사회로 더 나아가야 할 때다.

제 5 장

반세계화의
어두운 그림자

보호무역이 불러온 비극, 제2차 세계대전

방글라데시 어린이 노동자들은 세계화의 희생양일까?

착한 무역? 나쁜 무역?

모든 무역은 공정무역이다

한 가지 분명한 사실이 있다면 세계화가 저개발국에게 있어
그리 나쁘지 않은 기회를 제공한다는 것이다.
그 기회를 살리느냐 그렇지 못하느냐는
그 나라의 역량에 달린 문제지 세계화 자체의 문제는 아니다.

보호무역이 불러온 비극,
제2차 세계대전

대공황과 제2차 세계대전

　제2차 세계대전이 발생한 원인은 학자들마다 의견이 분분하다. 제1차 대전의 패배로 인한 독일의 붕괴, 영국과 프랑스의 지속적인 불황, 여기에 공산주의의 확대에 따른 자유주의 진영의 불안감 등을 이유로 든다. 물론 히틀러 Hitler나 무솔리니Mussolini의 광기도 빼놓을 수 없겠다.

　하지만 일반적으로 제2차 세계대전은 1930년대 미국 발 대공황 때문이란 게 주지의 사실이다. 세계의 공장 역할을 하던 미국이 불황으로 흔들리자 곧이어 유럽과 세계의 나머지 지역에 경기침체가 확산된 것이다. 히틀러나 무솔리니처럼 평상시라면 절대 주류 정치인이 될 수 없을 사람도 세계대공황 이후 몰아친 파시즘fascism의 바람 속에서 정권을 장악할 수 있었다.

당시 각국의 경제는 중상주의 방식이었다. 수입을 줄여 무역수지를 개선하기 위해 각국은 수입품에 무분별하게 관세를 부과하기 시작했다. 제1차 세계대전 이후 가뜩이나 허약했던 세계경제는 곧 무역 장벽으로 완전히 닫히고 말았다. 확보해 둔 식민지가 많았던 영국이나 프랑스는 이 고난의 시기를 견딜 수 있었다. 하지만 제1차 세계대전 이후 식민지를 모두 상실한 독일이나 그다지 식민지가 없었던 이탈리아, 일본은 손쉽게 전쟁의 유혹에 빠지게 됐다.

일찍이 애덤 스미스에게 자연의 법칙에 맞는 경제질서는 국제 분업에 입각한 자유무역뿐이었다. 그러니 각국의 정부가 자국 산업을 보호하기 위해 취하는 일련의 무역장벽을 좋지 않게 평가했다. 보호관세를 부과하며 수입을 제한하는 건 자연상태에 어긋나는 일이라고 비난했다.

관세는 형식상 외국의 생산업자에게 부과하는 것이지만 그 피해는 자국민이 보게 된다. 관세가 부과되면 물품 값이 오르는데 오른 물품 값은 대부분 자국의 소비자들이 부담하기 때문이다. 흔히 이야기되는 조세의 전이처럼 관세 역시 해당 재화와 서비스를 구입하는 소비자(자국민)에게 전이된다. 관세의 혜택은 해당 품목의 자국 생산업자가 독점하게 되며 전체 국민 경제의 후생 수준은 크게 떨어진다. 그리고 그런 손실이 누적되고 역사의 흐름이 한번 크게 잘못된 방향으로 흐른다면 세계대전과 같은 비극을 맞게 되는 것이다.

2008년 서브프라임 모기지 위기

2008년 미국에선 서브프라임 모기지 위기가 닥쳤다. 1930년대의 대공황이 1929년 10월의 주가 대폭락으로 시작됐다면 2008년의 위기는 주택시장 붕괴에서 시작됐다. 위기 초기 많은 사람들이 딱 10년 전에 있었던 1997년 동아시아 경제위기 때의 상황을 언급하며 세계경제와 교역이 얼어붙을 걸 걱정했다. 1997년 위기의 직격탄을 맞은 우리는 수출과 수입이 동시에 줄어드는 등 경제규모 자체가 쪼그라드는 악몽 같은 경험을 한 적이 있다. 이번엔 위기의 진원지가 태국이나 인도네시아 같은 아시아의 중간 경제

권이 아니라 미국이라는 세계 최대 경제권이었으니 걱정하는 게 당연한 일이었다. 미국 경제가 기침하면 우리 경제는 감기에 걸린다는 이야기도 있으니까 말이다.

하지만 다행히 역사는 반복되지 않았다. 인류 사회는 과거와 같은 실수를 반복하지 않아 관세와 같은 무역장벽을 쌓아 올리는 등의 우를 범하지 않았다. 각국의 경제부처 관료들과 중앙은행은 역사상 유례를 찾아볼 수 없을 정도로 슬기롭게 위기를 헤쳐 나갔다. 각국 정부는 보호관세 등 관세를 정치적으로 이용하는 유혹을 최대한 뿌리친 것이다. 위기를 전후로 세계 무역량이 크게 줄지 않았다는 게 그 방증이다. 비록 위기는 아직도 일부 국가에서 지속되고 있지만 인류는 역사에서 교훈을 배워 실천하는 데 성공했다.

방글라데시 어린이 노동자들은 세계화의 희생양일까?

방글라데시 어린이 노동

APEC이나 G20 같은 국제회의가 있을 때면 회의장 주변은 흔히 반세계화 시위대로 몸살을 앓곤 한다. 반세계화를 외치는 시위대에게 세계화가 무엇인지 물어 보면 온종일 열악한 환경에서 축구공을 만드는 방글라데시나 베트남 아이들을 이야기한다. 선진국의 아이들이 학교에서 축구공을 갖고 뛰어놀 나이에 개도국의 아이들은 그 축구공을 만들고 있다는 것이다.

좁다란 공간에 둘러앉아 고급 청바지를 재봉하는 엘살바도르 여인들, 환기는 안 되고 숨은 턱턱 막히는 공장에서 접착제 연기를 마시며 운동화를 만드는 인도네시아의 노동자들이 이들에게 있어 세계화의 추한 민낯이다. 물론 그 뒤엔 슬며시 미소 지으며 부른 배 두드리는 다국적 자본가들이 있다. 양식 있는 이들이라면 시위대에 참여하지 않을 수 없는 광경이다. 그렇다면 세계화는 개도국의 노동을 착취하고 그들의 빈곤을 심화시키는가?

방글라데시의 어린이 노동자들이 처한 환경을 보면 연민의 정을 자아내는 게 사실이다. 어린이 노동이 법률적으로나 윤리적으로나 지지하기 어려운 것도 맞다. 하지만 빈곤에 관한 한 세계화는 부차적인 문제에 지나지 않는다. 세계화가 단독으로 가난한 나라를 더 가난하게 만든다든가 더 풍요롭게 만든다든가 하는 일은 없다. 세계화를 자본가가 노동자를 착취하고 선진국이 개도국을 착취해 가난한 이들이 돈 버는 걸 막는 체제라고 믿는 이들도 있지만 그건 사실이 아니다.

빈곤의 실질적인 유일한 해결책은 경제성장이다. 경제성장만큼 확실히 효과를 발휘하는 빈곤 탈출 방법은 없다. 오늘날 미국인들은 100년 전에 살았던 미국인들보다 대략 여섯 배 정도 더 잘산다. 잘살게 된 다른 이유는 없다. 오로지 경제가 성장한 덕이다. 개도국의 대명사인 인도를 생각해보자. 인도의 경제성장률은 1950~1980년대 1.4%였고 1980~1990년대는 이보다 높아 4%였다. 그 결과 2000년대 인도인들은 1950년대 인도인들보다 두 배 이상 더 잘살게 됐다. 비교적 성장률이 낮았던 인도가 이 정도다.

빈곤의 유일한 해결책은 경제성장

우리가 빈곤의 유일한 해결책이 경제성장인 걸 인정한다면 그다음 문제는 세계화가 경제성장을 낮추느냐 높이느냐를 판단하는 것이다. 그리고 세계화가 갑이 을을 착취하는 무대라고 주장하는 사람들이라도 세계화가 그 나라의 경제성장을 낮추는 효과까진 있다고는 말하지 못할 것이다.[18]

다시 방글라데시에서 축구공을 만드는 아이들로 돌아가보자. 선진국보다 저개발국에서 아동노동이 많은 건 사실이지만 세계화가 아동노동을 늘리는 건 아니다. 인정하고 싶지 않을지 모르나 선진국의 하청 노동이 열악한 그 나라의 노동 실정에선 질 좋은 일자리인 경우가 허다하다.

방글라데시의 축구공 생산 공장에서 아이들을 구출하면 그 아이들은 선진국의 또래 아이들처럼 학교를 다닐 수 있을 거라고 믿고 싶겠지만 현실은 동화 속 이야기가 아니다. 아마도 공장을 나오게 된 아이들의 대다수는 축구공을 만들기 전에 했던, 예컨대 마을의 우물물을 길어 나르는 것 같은 허드렛일로 돌아가야 할 것이다. 거기서 받는 품삯은 축구공 공장에서 받던 것과는 감히 비교가 안될 정도로 형편없을 것이다.

　　선진국의 축구공 메이커들이 자국의 노동자들에 비해 방글라데시의 아이들에겐 낮은 임금을 줄지는 모르나 그것도 방글라데시 안에선 꽤나 질 좋은 일자리인 게 분명하다. 방글라데시 입장에선 축구공 공장을 통해 분명히 경제성장을 하는 것이다.

　　물론 이 주장에 반론도 있다. 같은 축구공을 만드는데 왜 선진국에 입지한 공장과 개도국에 입지한 공장에서 서로 다른 임금을 주냐는 것이다. 틀린 말은 아니지만 기업가들은 자선사업가나 종교인들이 아니다. 그럴 경우 기업가들 입장에선 기업환경이 열악한 저개발국에서 경영활동을 할 동기가 없어진다.

남북합작공단인 북한의 개성공단을 생각해보자. 우리 기업들이 개성공단에 들어가 공장을 운영하는 건 북한의 싼 인건비 때문이다. 북한의 인건비는 이미 선진국에 진입한 남한과는 비교할 수 없게 싸다. 북한의 노동력 수준을 감안할 때 품질 대비 인건비는 북한이 중국이나 베트남보다도 싸다고 할 수 있다. 같은 공산품을 만드는 데 남한이나 중국, 베트남보다 싸다는 것이다.

하지만 개성공단을 두고 그 누구도 남한의 자본가들이 북한의 노동자들을 저임금으로 착취하는 시스템이라고 보지 않는다. 만약 그랬다면 북한의 사회주의 당국이 두고 보지도 않았을 것이다. 개성공단은 누가 뭐래도 북한의 현재 상황에서 아주 질 좋은 일자리를 제공해 북한의 소득을 늘려주는 역할을 하고 있다. 북한에게 개성공단은 남한을 경유해 세계로 열린 창이다.

세계화를 이용해 선진국이 저개발국을 착취한다고 주장하는 이들이 있지만 몇몇 개도국들은 1970~2000년 사이 세계화가 급속히 진행되는 중에도 성공적으로 성장했다. 사실 수출주도형 경제성장을 이룬 우리나라가 세계화의 수혜를 받은 대표적 사례다. 물론 같은 시기 저성장에

시달리며 경제적으로 실패한 나라들도 많다. 세계화가 경제적 착취와 종속을 불러 경제성장을 어렵게 한다는 말은 거짓이다. 다만 한 가지 분명한 사실이 있다면 세계화가 저개발국에게 있어 그리 나쁘지 않은 기회를 제공한다는 것이다. 그 기회를 살리느냐 그렇지 못하느냐는 그 나라의 역량에 달린 문제지 세계화 자체의 문제는 아니다.[19]

　가난한 나라에 필요한 가장 핵심적인 가치는 무엇일까? 바로 개방이다. 우리가 개방정책을 통해 산업화를 이뤘고 중국이 개방화로 인해 세계 G2로 성장했듯이 말이다. 북한처럼 낙후된 지역에 가장 필요한 것도 바로 개방화인 것이다. 잘 사는 나라가 돈을 보내주고 도와준다고 해서 가난에서 벗어나는 것은 아니다. 가난은 스스로 경제성장이라는 선순환 구조를 만들어 산업화에 성공해야 극복할 수 있는 문제이다. 우리나라에도 여전히 후진국 수준의 낙후된 분야가 있다. 농업과 서비스 분야가 그렇다. 이들 분야에 개방이라는 햇볕을 비추어야 경쟁력이라는 밝은 세계가 열릴 수 있다.

착한 무역?
나쁜 무역?

착한 무역

요 근래 공정무역이란 말이 유행하고 있다. 공정무역이란 생산자가 생산물에 제값을 받을 수 있도록 소비자가 보장하자는 내용으로 일종의 소비자 운동이다. 생산자가 주로 사회경제적 지위가 낮은 제3세계 농민이나 노동자들로 이들에게 덤핑 가격보다 높은 가격을 지불하여 해당 국가의 농민들이 자립할 수 있도록 돕는 걸 목적으로 하고 있다.

2009년 한국에서 잠시 화제가 된 '아프리카 커피 무역'이 공정무역 운동의 좋은 예다. 선진국 커피 메이커들이 대량 구입을 이유로 정상가의 50% 이상 깎아 구입하는 바람에 아프리카 커피 농민들, 노동자 들이 정당한 노동력의 대가를 받지 못하고 있다는 것이다.

공정무역은 꼭 커피만이 아니라 1차 농산물이라면 거 의 다 적용 대상이라고 할 수 있는데 커피 가공이 다른 농작물에 비해 손이 많이 가고 커 피나무의 크기 등으로 인해 어린이 노동이 많이 사용된다 고 한다. 어린이 노동이라 하면 특히 서양인들이 불편해하 는 데다가 커피가 서양의 주요 기호품이어서 다른 농산물 에 비해 더 주목받는 경향이 있다. 좌우간 이제 커피를 싸 게 사지 말고 높은 값을 주고 사 먹자는 게 공정무역의 주 장이었다.

농민에게 후한 대가를 지불하는 공정무역은 그래서 착 한 무역이라고도 불린다. 그 이면엔 자유무역은 나쁜 무역 이라는 전제를 함의하고 있지만 말이다. 그렇다면 이게 맞 는 생각일까?

착한 무역이 가진 착하지 않은 점

사람의 일이란 게 선한 의지를 갖고 실천해도 꼭 선한 결과를 가져오지 않는 경우가 있다. 특히 경제학에서 이런 현상을 쉽게 볼 수 있다.[20] 도시 무주택 서민을 위해 선한 의도로 도입된 임대료 규제가 임대주택의 신규 공급을 차단해 임대주택 슬럼화를 불러온 사례가 그렇다. 불행히도 공정무역에서도 이런 모습이 보인다. 공정무역을 정치적으로 악용하기도 하고 영악한 몇몇 기업들이 마케팅 수단으로 오용하고 있다는 것이다.

가령 지금까진 커피 메이커들이 에티오피아 농민에게 원두 1kg에 100달러를 주고 사와서 소비자에게 1kg에 200달러에 팔았다면 '공정무역 원두'라 표기된 제품은 1kg에 150달러를 주고 사와 소비자에겐 500달러에 파는 것이다. 실상 농민들에게 돌아가는 이익은 크게 늘지 않으면서 중간 단계의 기업이 챙기는 돈만 는 건데 실제 이런 사례가 종종 보고됐다고 한다.

더구나 공정무역이 현지의 열악한 산업기반을 왜곡한다는 비판도 많다. 1차 농산물 전반에 걸쳐 공정무역 노력이 진행되는 게 아니라 커피나 코코아 등 극히 일부 작물에 한해 공정무역을 시도하는지라 현지 농민들이 자신이 원래 기르던 작물을 포기하고 공정무역 작물로 갈아타는 현상이 목격되고 있다는 것이다. 당연히 공급 과잉이 발생하는데 그렇게 생산된 작물이 공정무역을 통해 전부 팔려 나가지도 않는다고 한다. 공정무역으로 충당할 수 있는 부분은 상당 부분 한정돼 있기 때문이다.

결국 사줄 사람이 없는 생산물은 공정무역이 없었을 때에 비해 과잉 생산된 것이기에 작물의 시장가는 정말 어이없을 수준으로 떨어져 버린다고 한다. 결국 농민의 손에 남는 건 별로 없는 상황이 반복되고 오히려 다른 작물이 재배되지 못해 현지의 물가 상승 등 악영향만 초래할 수 있다. 아프리카의 전반적인 식량 사정이 열악하다는 걸 생각하면 너무 당연한 결과다.[21]

공정무역을 주장하는 사람들의 면면을 살펴보면 과거에 보호주의를 주장해 왔던 사람들인 경우가 많다. 그간 정강정책에서 친보호주의 무역 성향을 보여 왔던 미국의 민주당 출신 정치인들이 요즘엔 공정무역을 이야기하는 경우가 늘었다. 한국도 별로 다르지 않다. 특히 식품산업을 보면 신토불이身土不二나 로컬푸드local food 등 공정무역을 주장하면서 실상은 과거의 보호무역과 다를 바 없는 이야기를 하는 걸 쉽게 목격할 수 있다. 그들은 그럴 듯한 말로 사람들을 현혹하면서 자신들의 정치적 특권과 이득을 챙긴다. 개방과 자유주의의 적은 지금도 도처에 널려 있다.

우리 사회에 착하지 않은 분야가 있다. 세계 시장에서 거래되는 가격보다 월등히 높은 가격으로 거래되는 상품들이다. 3배에서 심지어 7배까지 비싸기도 하다. 특히 쌀과 고기가 그렇다. 가난한 이들은 대부분 도시에 살고 있는데, 그들에게는 먹고 사는 비용조차 부담이 크다. 그런데도 먹거리의 가장 큰 비중을 차지하는 고기와 쌀의 가격이 국제 시세에 비해 터무니없이 비싼 것은 우리 정치가 어려운 사람들을 외면해 왔음을 잘 보여준다.

모든 무역은
공정무역이다

자본주의의 바탕은 신뢰[22]

"자본주의는 약탈이 아닌 생산과 거래를 통해 풍요로워진 유일한 체제다."

— 철학자 아인 랜드Ayn Rand 『자본주의의 이상』 중에서

자본주의 이전의 사회에서 거래란 한쪽을 희생시켜 다른 쪽이 이익을 얻는 과정이었다. 즉 모든 거래에서 승리자와 패배자, 착취자와 피착취자가 존재한다고 본 것이다. 이런 주장은 거래는 한쪽만이 이익을 얻는 일종의 제로섬 게임으로 인식한 결과다.

하지만 이런 상황이라면 상업 거래는 일시적으로나 가

능할 뿐 계속적, 반복적으로 발생할 수 없다. 자유시장에서의 거래는 각자가 각자의 이익을 위해 노력하지만 여기서의 이익은 거래 당사자 쌍방 모두를 위한 것이다. 누군가가 거래 제안을 받아들인다는 건 그로부터 무언가 이익을 얻을 수 있으리라고 예상하기 때문이다. 즉 자발적 거래는 거래 당사자들에게 항상 호혜적이다.

경제학의 아버지 애덤 스미스는 거래를 정육점 주인과 손님을 예시로 들어 설명했다. 정육점 주인과 손님은 고기와 돈을 교환한다. 정육점 주인은 돈이 필요해서 고기를 내놓고 손님은 고기가 필요해서 돈을 내놓는 것이다. 아주 간단한 사례이지만 우리 일상생활에서 볼 수 있는 거래는 모두 이런 범주에 있다. 여기서 거래 당사자들은 모두 자기 이익을 기준으로 판단하며 누구의 강요나 강압도 없다.

무역은 상호 원원의 거래로 본질적으로 공정하다

마찬가지 논리가 무역에도 적용된다. 무역은 국경을 넘어 재화와 서비스가 거래된다는 것만 다를 뿐 기본 원리는 단순한 개인들 간의 거래와 다르지 않다. 이해를 위해 애덤 스미스의 정육점 사례를 다시 들어 보자. 달라지는 건 정육점 주인이 취급하는 고기가 강원도 횡성한우에서 미국산 쇠고기로 바뀌었다는 것뿐이다. 정육점 주인이 횡성한우를 파는 건 그냥 거래지만 미국산 쇠고기는 어쨌든 물을 건너왔으니 수입품이 된다. 미국산 쇠고기를 파는 건 이른바 무역의 소산인 것이다.

한때 "양담배는 피지도 사지도 맙시다"라는 구호가 있었던 것처럼 수입품은 대개 문제가 된다. 미국산 쇠고기 때문에 불쌍한 강원도의 축산 농가들이 굶는다는 것이다. 한국인이라면 한국 농민을 살리는 게 맞지 않겠느냐며 소비자들의 죄의식을 강요한다.

하지만 이건 논리적이지 않다. 만약 서울에도 축산 농가가 있어 강원도산 쇠고기 때문에 서울 축산 농가들이 죽어나간다며 서울 사람들은 서울산 쇠고기를 먹어야 한다고 누군가 주장한다면 어떻게 될까? 한국 사람들이 한국 쇠고기만을 먹어야 한다는 논리대로면 서울 사람들은 서울산 쇠고기를, 강원도 사람들은 강원도산 쇠고기를, 전라도 사람들은 전라도산 쇠고기를 먹는 게 맞다. 물론 이 주장에 동의하는 사람은 없을 테지만 말이다.

이렇게 엉터리 논리가 현실에선 관세나 각종 무역장벽의 이름으로 빈번이 나타난다. 서울과 강원도의 거래는 차별하거나 막지 않으면서 한국과 미국의 거래는 막는 게 논리적으로 맞을까? 미국산 쌀이 들어와 한국 농민들이 거리에 나앉게 됐다는 하소연이다. 그 누구도 호남평야의 쌀이 서울에 들어와 경기도 농민들이 울상이란 소리를 하지 않는데 말이다. 시, 군, 구의 경계선은 누구도 문제 삼지 않는데 나라의 경계선은 이상하게도 문제가 된다.

물론 국가는 자국민의 안녕을 최우선해야 한다는 관점에서 보면 한국은 한국의 농민의 이익을 위해 존재하는게 맞다. 한국 정부가 굳이 미국 농민들이 돈 버는 기회를 제공할 이유는 없다는 논리다. 쌀시장에 참여하는 당사자가 미국과 한국의 농민들뿐이라면 맞는 이야기일 수 있다.

하지만 시장에는 생산자뿐 아니라 소비자도 참여한다. 쌀을 소비하는 일반 시민들은 한국산 쌀과 미국산 쌀의 자유로운 교역 과정에서 자기의 기호에 맞는 쌀을 선택할 수 있는 기회를 고스란히 날리게 된다. 이걸 경제학 용어로 소비자 후생이라고 한다. 여기서 소비자가 잃는 후생이 농민이 얻는 후생보다 크다면 그래도 국가 전체적으로는 해 볼 만한 일이지만, 유감스럽게도 교역이 막혀 소비자가 잃는 후생이 거의 언제나 농민이 얻을 이익보다 크다. 국가 전체적으로 막대한 후생 손실이 발생한다는 이야기다.

　모든 거래에서 쌍방은 이익을 얻는다면 모든 무역 거래에서 쌍방은 자유시장으로부터 공정하게 대우를 받는다. 그게 자유시장원리다. 철학자 라스바드는 그의 저서 『인간·경제·국가』에서 "교환은 쌍방에게 이익이 될 거라고 기대하기 때문에 발생한다"라고 설명했다. 자본주의를 오해하는 배경에는 자유시장에서 이뤄지는 거래가 탐욕으로부터 비롯되며 한쪽이 다른 한쪽을 착취한다는 악의적인 관념이 도사리고 있어서다. 하지만 현실은 그와 같지 않다. 한미 간의 쌀시장이 개방된다고 해서 미국 농민이 한국 농민을 착취하는 일은 벌어지지 않는다. 당연히 미국 농민이 한국 소비자에게 강매하는 일도 벌어지지 않는다. 되레 자유로운 교역을 막을 때 소비자의 선택권이 불공정하게 제한될 뿐이다. 모든 자유무역이 공정무역일 수밖에 없는 이유다.

제 6 장

글로벌 시대,
세계로 나아가라

한국이 낳은 글로벌 리더, 백남준과 김우중

우리는 왜 축구 선수들의 해외 진출에 열광할까?

〈러브레터〉와 스크린쿼터

별에서 온 그대? 한국에서 온 그대!

『북학의』와 정보의 개방성

지금 우리가 자랑스러워하는 한류는
지금의 한국이 가진 경제력과 문화력의 종합적인 결과다.

한국이 낳은 글로벌 리더,
백남준과 김우중

비디오 아티스트 백남준

'한국이 낳은 세계적인 예술가'는 백남준에게 항상 따라붙는 수식어다. 그의 예술은 흔히 비디오 아트Video Art라고 불리는데 대중에겐 어마어마한 숫자의 텔레비전들을 한데 이어 붙인 듯한 모양새로 알려져 있다. 실제로 그는 일본과 한국의 전자회사들로부터 작품의 재료를 협찬받으며 작품 활동을 했다. 그 많은 고가의 재료를 돈 주고 사기는 어려울 테니 말이다. 그의 작품은 일정 기간 전시되면 반드시 수장고로 옮겨져 수리를 받는다고도 한다.

백남준의 세계적인 명성은 과장이 아니라 실제로도 독보적이어서 이름난 미술관 치고 그의 작품 한두 점 없는 곳이 없다. 백남준의 작품이 없다면 콜렉팅이 충실한 미술관으로 치지 않을 정도니 그 이름값을 알 만하다.

위대한 예술가였지만 백남준은 말년을 힘겹게 보내야 했다. 뇌졸중으로 몸의 왼쪽에 마비가 오면서 반신불수가 된 것이다. 대신 움직일 수 있는 오른손으로 작업했는데 그 와중에도 언어 감각을 관장하는 우뇌가 무사하단 걸 다행으로 여겼다고 한다.

뇌졸중 투병 중에 백남준은 빌 클린턴Bill Clinton 미국 대통령에게 큰 실례를 범한 일이 있다. 김대중 대통령이 당선된 뒤 미국을 방문했을 때 백남준이 백악관에 함께 초대된 것이다. 아마도 백남준이 미국에서 활동하는 유명한 한국인이어서 그랬던 것 같다. 사건은 뇌졸중으로 휠체어 신세였던 백남준이 굳이 일어서서 클린턴과 악수하다가 바지가 흘러내린 것이다. 설상가상으로 그 안엔 아무런 속옷도 입지 않았다고 한다.

국내 언론은 이를 대통령의 방미 기간 중 있었던 단순한 해프닝으로 보도했다. 하지만 백남준의 예술 세계를 잘 아는 사람들 사이에선 이게 의도된 퍼포먼스가 아닐까 하는 의견도 있었다. 백남준은 비디오 아트를 시작하기 전에는 본래 행위 예술가였다고 한다. 피아노를 치다가 갑자기 때려 부수는 그런 예술 말이다. 백남준의 동료는 나체로 공연하다가 경찰에 체포되기도 했다. 젊은 시절 백남준에겐 그런 전과가 있었고 백악관에서의 사건은 당시 지퍼게이트로 곤욕을 치르던 클린턴에게 퍽 공교로운 일이 됐다. 진실이 무엇인진 백남준 혼자만이 알겠지만 말이다.

김우중의 세계경영

김우중 전 대우그룹 회장에게는 '킴기즈 칸'이라는 별명이 있었다. 칭기즈 칸이 중국, 중동, 동유럽 등 기병이 닿는 곳이면 어디든 휩쓸었던 것처럼 김우중도 싱가포르, 인도네시아, 미국 등 가리는 곳 없이 손을 뻗었던 걸 두고 이른 말이다. 이를 위해 그는 연간 250일 이상 해외에 머물며 하루 세 시간 이상 비행기를 탔다고 한다. 김우중의 이런 광폭의 경영 스타일을 두고 세계경영이라고 했다.

1990년대 들어 대우는 해외 시장에 거의 모든 역량을 집중했다. 1993년 세계경영이란 경영이념을 선포하며 루마니아, 폴란드, 우즈베키스탄 등 동유럽과 옛 소련 지역에 진출하는 등 확대 경영 전략을 썼다. 이 시기 중국, 몽골, 인도, 루마니아, 폴란드로 이어진 자동차 공장 루트가 완성됐다. 사실 킴기즈 칸이라는 별명도 1996년 우즈베키스탄 자동차 공장 준공식 때 우즈베키스탄의 카리모프 대통령이 그를 칭기즈 칸에 비유하며 붙여준 것이었다.

세계경영의 결과 1998년 말 대우그룹은 계열사 41개, 국내 임직원 10만 5,000명, 해외 임직원 21만 9,000명, 해외법인 396개사의 대기업집단으로 성장했다. 자산 기준으로는 삼성, LG를 제치고 현대에 이어 재계 2위를 기록하기도 했다.

한국이 낳은 두 거인, 이제 우리가 다시 품어야 할 때

글의 서두에서 백남준을 두고 '한국이 낳은 세계적인 예술가'라고 썼지만 이건 절반의 진실이다. '한국이 낳은 건 맞지만 한국이 기르진 않은 인재'라는 평가가 더 많다는 게 현실이다. 인재를 힘들여 기르진 않고 외국에서 어렵사

리 성공한 동포를 두고 그저 환호하는 게 전부인 우리의 현실을 비꼰 것이다.

가슴 아프지만 지나친 말이라고 할 수도 없다. 우린 백남준의 예술 세계가 아니라 그저 그가 세계적으로 유명하다는 걸 좋아하고 있진 않은가. 백악관 사건에서 드러난 이야기지만 비디오 아트 이전에 행위 예술가로서 백남준을 아는 한국인은 거의 없는 게 현실이다.

김우중에 대해서도 마찬가지다. 비록 그의 세계경영은 중간에 멈춰야 했지만 그의 선구자적 시도는 이대로 사장시키기 아까운 게 사실이다. 1997년 외환위기 때 대우가 직격탄을 맞은 건 역설적으로 그의 세계경영이 너무 성공적이었기 때문이다. 환율이 폭등하자 국내 대기업 중 외화 자산이 유난히 많았던 대우는 1997년 한 해 동안에만 무려 8조 5천억 원의 환차손을 입었다. 국가신용등급이 여섯 단계나 떨어지면서 세계 곳곳에 가장 많은 사업장을 갖고 있던 대우는 해외 채권자로부터 상환 압력도 가장 심하게 받았다.

김우중의 세계경영은 이후 국내 기업들이 해외에 진출할 때마다 연구하는 최고의 경영지침서가 됐다. 학계에선 지금도 김우중의 세계경영 사례를 연구하고 있다. 세계경영 와중에 양성된 대우의 글로벌 인재들은 그룹 붕괴 이후에도 다른 기업에 중용되면서 그간 쌓은 경험과 역량을 발휘했다.

어찌 보면 대우는 10년 뒤 국내 기업들이 지불해야 했을 해외경영의 값비싼 수업료를 대신 지불해 준 셈이다. 지나치게 시대를 앞서간 게 세계경영이 실패한 이유라고 한다면 지나친 평가일까? 세계화 시대를 맞아 백남준의 예술 정신과 김우중의 세계경영에 대한 온전한 이해와 평가를 감히 제안한다.

우리는 왜 축구 선수들의
해외 진출에 열광할까?

지구방위대, 레알 마드리드

스페인 프리메라리가의 축구 클럽 레알 마드리드에게는 '지구방위대'란 별명이 있다. 축구 실력만큼은 외계인들에 대항해 지구를 지킬 만하다는 의미다. 지구를 대표하려면 실력은 물론이거니와 그만한 인종, 민족적 대표성도 갖춰야 할 텐데 레알 마드리드는 별명에 걸맞은 다국적 선수들로 구성된 팀이기도 하다.

특히 2000년대 레알 마드리드는 세계 4대 미드필더라고 불리는 선수 중 무려 세 명을 보유하고 있었다. 그리고 이들 미드필더의 국적은 모두 제각각이었다. 지네딘 지단은 프랑스, 데이비드 베컴은 영국, 루이스 피구는 포르투갈로 동일하지 않았다. 2002년 한일 월드컵 때 모두 한국을 방문한 선수들이니 우리나라 사람들에게도 낯이 익다. 실력 외적인 요소를 철저히 배제하고 오직 축구만 보고 세계 최고의 선수들을 모으다 보니 레알 마드리드가 월드 올스타팀이 된 건 어쩌면 자연스러운 결과였다.

축구나 야구의 빅 리그에 속한 팀에서 선수들의 국적이 다양한 건 레알 마드리드 같은 초일류 클럽만의 현상은 아니다. 2002년 월드컵 이후 박지성에 이어 잉글랜드 프리미어리그에 진출한 이영표는 토트넘 홋스퍼라는 팀에서 뛰었다. 어느 날 훈련을 마친 이영표가 팀 숙소에 누워 곰곰이 생각해보니 토트넘 선수들 중 자국에서 국가대표를 맡고 있는 선수의 숫자만 15명가량이었다고 한다. 당시 토트넘이 프리미어리그 중위권 수준의 구단이었는데도 그 정도였던 것이다.

한국 선수들을 해외로 나가게 하라

야구 등 다른 스포츠에서도 비슷한 현상이 목격되지만

축구 선수들의 해외진출은 여론의 지지도 많고 화제도 많이 된다. 그게 어느 정도냐 하면 국내 구단이 선수의 이적료, 즉 몸값을 더 받으려다가 해외 구단과 협상이 틀어져 진출이 무산되기라도 하면 여론의 비난이 쏟아지는 것이다. 흥정이라는 게 될 때가 있다면 그렇지 않을 때도 있는데 무조건 해외에 보내라니 힘들게 선수를 키워 낸 구단들로서는 서운할 수 있다.

이런 여론의 압박은 선수들에게도 주어진다. 유럽에 축구 선진국이 많지만 2부 리그 등 하위 리그인 경우에는 생활비 대비 연봉이 국내에 비해 나을 게 없는 경우도 있다. 그런데도 무조건 나가야 한다는 주장이 있을 정도다. 반면 중국이나 중동처럼 축구 수준은 높지 않아도 돈은 많이 주는 리그도 있는데 이런 데 가는 선수들은 결코 팬들에게 환영받지 못한다. 일부 선수나 구단들은 국민감정을 이해하면서 한편으론 부당함을 호소하기도 한다. 선수도 결국 월급 받는 직장인인데 돈 더 주는 곳으로 옮기는 건 당연한 일 아니냐는 것이다.

왜 우리 국민들은 선수들을 마치 유학 보내듯 축구 선진국으로 보내려고 할까? 이유는 경쟁에 있다. 뛰어난 재

능을 가진 선수가 K리그에만 머문다면 실력 향상을 기대하기 어렵다. 물론 K리그도 아시아를 대표하는 좋은 리그지만 세계적인 수준과는 격차가 있다. 힘들더라도 영국, 독일, 스페인, 이탈리아 등 유럽의 명문 리그로 진출해 그곳의 세계적인 선수들과 경쟁해야 발전이 있다고 믿는 것이다.

역대 월드컵 국가대표 라인업만 봐도 이른바 해외파 선수들이 점점 늘어나고 있다. 그리고 해외파의 질도 예전에는 일본 J리그 진출 정도였다면 지금은 영국이나 독일에서 뛰는 선수들이 주축이 되는 등 많이 향상됐다. 특히 2002년 한일 월드컵은 국내 축구 선수들의 해외진출에 일대 전환점이 된 사건이다. 월드컵을 통해 우리 선수들의 뛰어난 자질을 유럽 축구 관계자들이 목격한 덕이다.

약간은 극성스러운 해외 진출 노력과 경쟁을 피하지 않았던 선수들의 땀방울 덕분에 우리나라는 박지성, 이영표, 안정환, 차두리, 박주영, 기성용 등 수많은 해외파를 배출했다. 물론 그중에서도 가장 성공작은 박지성이다. 2002년에만 해도 국가 대표팀에서 막내였던 박지성은 이후 영국 프리미어리그의 명문 맨체스터 유나이티드에서 일곱 시즌을 뛰며 10년 가까이 한국 국가 대표팀의 주축으로 활약했다.

박지성의 성공은 삼성, 현대차, LG와 같은 국내 대기업들이 지난 수십 년간 치열한 수출 경쟁을 통해 오늘날 글로벌 기업으로 거듭난 것과 비슷하다. 뛰어난 이공계 인재들을 해외 대학이나 연구소에 보내 공부시켜 다시 국내로 들여온 게 지난 세기 우리나라가 성공한 비결이기도 하다. 해외파가 주축이 된 축구 국가 대표팀은 2010년, 홈그라운드의 이점도 히딩크도 없는 중에 최초의 원정 16강을 달성했다. 축구든 기업이든 해외의 수준 높은 인재들과의 경쟁만이 우리가 실력을 쌓을 수 있는 길이다.

〈러브레터〉와
스크린쿼터

일본 대중문화 개방과 〈러브레터〉

1999년 한국에서 정식 개봉한 일본 영화 〈러브레터〉는 일본 대중문화 개방의 수혜를 한껏 입은 작품이다. 〈러브레터〉는 한국에서 115만 명의 관객을 동원하는 흥행을 기록했다. 지금이야 천만 영화도 흔하지만 1990년대엔 관객이 백만 명만 넘어도 흥행 대박이었던 시절이다. 〈러브레터〉는 국내에 정식 개봉되기 전부터 워낙 유명해 당시 불법 비디오만 30만 개가 유통됐을 정도로 큰 인기를 누렸다.

〈러브레터〉의 불법 비디오가 그리 많이 유통될 수 있었던 건 당시 우리나라가 일본 대중문화를 개방하지 않고 있었기 때문이다. 사실 일본 대중문화 개방은 1990년대 우리 문화계의 최대 화두였다. 우리보다 문화 선진국인 일본의 대중문화가 들어오면 우리 영화는 고사한다는 게 당시 영화계 안팎의 주장이었다. 지금으로선 상상하기 어려운 주장이지만 적어도 당시엔 그랬다. 여기에 일본의 것이라면 무조건 색안경을 쓰고 보는 우리의 민족주의적 정서도 한몫했다.

일본 대중문화 개방이 1990년대 영화계의 화두였다면 2000년대 이후부턴 그 자리를 스크린쿼터가 대신했다고 할 만하다. 〈쉬리〉 이후 한국 영화가 중흥기를 맞이한 게 스크린쿼터 덕분이었다고 생각하는 영화인들이 많다. 하지만 정말 스크린쿼터가 한국 영화산업을 보호하는지는 생각해볼 문제다. 생각보다 근거가 부족한 주장이기 때문이다.

영화계와는 달리 스크린쿼터와 같은 보호 장벽이 없는 가요계의 상황을 살펴보자. 동방신기와 소녀시대의 국제적인 성공은 스크린쿼터 없이도 가능했다. 오히려 스크린쿼터와 같은 국내 시장 보호책이 있었다면 세계적인 가수는 나오기 어려웠을지도 모른다. 가왕이라 불리는 가수 조용필이 바로 1970~80년대 이른바 팝송의 전성시대에 팝송과의 치열한 경쟁을 통해 내공을 기른 가수인 걸 상기할 필요가 있다. 팝송과의 경쟁을 통해 조용필이 나왔고 그렇게 형성된 가요시장에서 소녀시대나 동방신기가 탄생한 것이다. 아이돌 그룹 역시 선배 가수들이 이룬 그늘에서 만족하지 않고 중국이나 일본 등의 해외시장을 적극적으로 개척했기에 오늘날의 위상을 갖추게 됐다.

조용필과 소녀시대의 성공에서 알 수 있는 건 실력은 보호가 아니라 해외시장에 대한 연구와 경쟁에서 나온다는 것이다. 한국 가요계의 트렌드를 선도하는 SM엔터테인먼트 이수만 대표는 1980년대 미국 유학 시절 MTV를 보면서 앞으로의 음악은 듣는 음악에서 보는 음악으로 전환될 것임을 확신했다고 한다.[23] 앞선 문물을 보고 배우며 경쟁한 결과가 지금의 소녀시대라고 할 수 있다.

영화인들, 이제는 자신감을 가져라

지금 우리가 자랑스러워하는 한류는 지금의 한국이 가진 경제력과 문화력의 종합적인 결과다. 기획 단계부터 중국시장을 겨냥해 만든 동방신기나 일본시장에서 치열한 경쟁을 통해 성공한 보아는 한류가 획득한 소중한 문화적 자산이다. 스크린쿼터 덕에 한류가 만들어질 수 있었다면 중국이나 북한처럼 자국의 문화가 아주 잘 보호되고 있는 곳에서 문화적 성취가 더 커야 옳다. 하지만 그런 일은 일어나지 않았고 앞으로도 일어나지 않을 것이다.

이미 한국 영화의 점유율은 스크린쿼터에서 보호하는 수준을 훨씬 상회하고 있다. 국제적인 기준에도 맞지 않는 유치한 규제는 벗어버릴 때도 됐다. 한국의 대중가요, 드라마, 애니메이션 등이 국제적인 경쟁력을 인정받고 있는 지금 굳이 영화계만 제대로 된 경쟁의 기회를 갖지 못하는 건 불행한 일이다.

숱하게 이어지고 있는 국제 영화계에서 낸 성적을 보면 우리 영화계는 상업성은 물론 예술성도 모자라지 않는 등 이미 경쟁력이 충분하다. 할리우드에서 리메이크하는 영화도 여러 편 나오고 있다. 하지만 스크린쿼터가 계속 존속된다면 장기적으로 볼 때 한국 영화의 경쟁력은 오히려 떨어지고 말 것이다. 경쟁이 없는 온실 속 화초에게 그건 당연한 일이다.

영화계의 격렬한 반대에도 1999년부터 일본 대중문화

에 대한 빗장은 순차적으로 풀렸다. 하지만 영화계가 그토록 우려했던 일은 일어나지 않았다. 일본 영화 중에서 국내에서 의미 있는 성공을 거둔 건 오로지 〈러브레터〉 한 편뿐이었다. 이 작품 외엔 한국시장에서 재미를 본 일본 영화가 거의 나오지 않았다. 일본 대중문화에 대한 공포가 필요 이상으로 과장된 감이 있었고 우리 영화산업의 경쟁력이 우리 스스로의 평가보다 약하지 않았기 때문이다. 일본 대중문화가 개방될 때처럼 스크린쿼터도 없어지고 난 뒤에야 우리 영화계가 왜 그리도 개방과 경쟁을 두려워했는지 서로 의아해하며 멋쩍어하게 될 것이다.

별에서 온 그대?
한국에서 온 그대!

〈별에서 온 그대〉

우리 드라마 〈별에서 온 그대〉가 중국에서 큰 인기를 끌었다. 중국에서 우리 드라마가 인기를 얻은 게 어제 오늘의 일은 아니지만 이번엔 중국 최고위급 관료의 발언이 있어 더 화제다.

왕치산王岐山 중앙기율검사위원회 서기가 업무보고 자리에서 〈별에서 온 그대〉를 언급해서다. 왕 서기는 한국 드라마가 왜 중국의 안방을 점령했는지, 바다 건너 미국과 유럽에까지 인기를 얻는 비결은 무엇인지 연구할 필요가 있다고 지적했다. 회의에 참석한 한 관료가 중국 예술 발전의 어려움을 이야기하자 왕 서기가 한국 드라마를 언급한 것이다. 왕 서기는 "한국 드
라마가 강한 건 전통문화의
승화 때문"이라며 나름대
로의 분석도 붙였다고 한
다. 왕치산은 정치국 상무
위원 신분으로 중국 권력 서열 6위의 거물이다.

남녀노소 할 것 없이 드라마가 인기를 끌자 드라마에
출연했던 배우들도 덩달아 바빠졌다. 남자 주인공은 중국
에서 팬미팅 등 불과 여덟 시간의 일정을 소화하면서 수억
원을 벌어들여 화제가 됐다. 사람뿐만 아니라 드라마 속 대
사까지 화제가 됐는데 여자 주인공이 "눈 오는 날엔 치맥
인데"라는 말로 중국 내에서 때아닌 치맥 열풍이 불었다고
도 한다. 여기서 치맥은 치킨과 맥주의 머리글자를 딴 말이
다. 덕분에 드라마가 방영된 뒤 한국을 방문한 중국 관광객
들 사이에선 한국식 치킨, 한국식 치맥을 먹어봐야 할 필수
음식으로 꼽히고 있다는 것이다.

한국 드라마가 중국에서 이처럼 큰 인기를 모은 건
2005년 드라마 〈대장금〉 이후 거의 10여 년 만이다. 〈대장
금〉은 중국뿐만 아니라 일본, 동남아시아, 아랍 국가들에

이르기까지 인기를 끌었다. 〈대장금〉의 어머어마한 인기는 역설적으로 중국 안에서 한국 드라마가 견제당하는 계기가 되기도 했다. 중국 당국이 해외 영상물에 대한 수입 규제를 강화한 것이다. 당시 인기를 얻고 있었던 영상물 대부분이 한국의 것이었단 점에서 사실상 한국을 타깃으로 한 조치라는 분석이 많았다.

예컨대 2006년부터 국영방송인 CCTV에서 연간 수입할 수 있는 한국 드라마를 네 편으로 제한했고 방송 시간도 축소시켰다. 황금 시간대인 오후 7~10시 사이에는 아예 한국 드라마를 방송할 수도 없게 했다. 이를테면 한국 대중문화 수입 제한 조치를 취한 것이다.

인터넷이 주도하는 세계에서 개방은 피할 수 없다

그간 정부가 주도해 외국 영상물을 강하게 규제해 왔던 중국의 상황을 고려할 때 〈별에서 온 그대〉에 대한 중국 당국의 호의적인 대응은 퍽 이례적이라는 말이 많다. 중국의 정책에 변화의 기조가 보인다는 것인데 그 이유가 흥미롭다. 바로 인터넷 때문이라고 한다.

중국에서는 외국 영상물을 실시간으로 볼 수 있는 동영상 사이트가 무척 잘 되어 있다. 이 사이트들은 2000년대 후반부터 해외 드라마 판권을 정식으로 구입해 중국인들에게 서비스하는 중이다. 〈별에서 온 그대〉가 중국 최고 위층이 언급할 만큼 인기를 얻었지만 놀랍게도 아직 중국 텔레비전을 통해서는 방송되기 전이라고 한다. 이미 언급한 한국 드라마 쿼터제 때문이다. 지상파가 아닌 온라인상에서의 방송만으로도 중국 대륙을 들었다 놨다 한다니 가히 놀라운 인기라고 하지 않을 수 없다. 하지만 그만큼 현대 중국인들이 인터넷을 많이 하고 인터넷을 통한 해외 정보의 취득에 익숙하다는 방증이기도 할 것이다.

인터넷의 보급으로 곤란해하는 중국 당국의 모습은 불과 10여 년 전 우리의 모습이기도 하다. 우리가 1990년대 후반 일본 대중문화를 개방한 것도 PC통신이라는 신기술 때문이었다. PC통신의 보급으로 일본 대중문화 규제가 더는 의미 없는 규제가 된 것이다. 지금의 중국도 마찬가지다. 불과 10여 년 전까지만 해도 해외 문물이 반입되는 걸 막으려면 중국 당국은 지상파 방송만 통제하면 그만이었다. 하지만 인터넷시대에서 이는 점점 더 여의치 않게 될 것이다.

동양 문화의 중심이라는 중국 특유의 중화주의가 그간 문화적 죽의 장막의 근거가 돼 왔다. 최근 중국의 국민배우이자 정협위원인 자오본산趙本山은 "한국처럼 작은 나라에서 아시아는 물론 세계적 인기를 끄는 작품을 낼 수 있는 이유에 대해 깊이 생각하고 있다"라고 말했다. 작은 나라에서 그렇게 큰 인기를 얻을 수 있는 문화 콘텐츠를 쑥쑥 뽑아내는 게 신기하고 부러웠던 모양이다. 그 이유를 우리는 안다. 경제든 문화든 스포츠든 자유롭게 만나 함께 교류하고 경쟁하는 데서 창출된다는 걸 말이다. 중국이 경제는 물론 문화 분야에서도 개혁 개방에 앞장서 영화나 노래, 드라마 같은 우수한 콘텐츠를 세계에 내놓고 함께 즐길 수 있는 그날이 오길 기대한다.

『북학의』와
정보의 개방성

『북학의』

한어(중국어)는 문자의 근본이다. (…) 우리나라는 중국과 가깝
게 접하고 글자의 소리가 중국과 대략 같다. 그러므로 온 나라 사람
이 본래 사용하는 말을 버린다고 해도 안 될 이유가 없다. 본래 사
용하는 말을 버린다면 동이의 오랑캐라는 모욕적인 이름으로 불리
는 신세도 면할 수 있다. 그러면 우리나라는 저절로 주周, 한漢, 당唐,
송宋의 기풍이 있는 나라가 될 것이다. 이 어찌 상쾌하지 아니한가?

— 『북학의』 내편 한어漢語 중에서24

『북학의』는 박제가朴齊家가 남긴 대표적인 저서다. 이 책
은 박제가의 스승 박지원朴趾源이 쓴 『열하일기』와 더불어

북학파의 이론과 주장을 상세히 담고 있다. 박제가는 청나라 문물을 자세하게 소개하면서 조선이 이를 과감하게 수용할 것을 제안한다. 일종의 조선식 국부론이었던 셈이다.

잘 알려진 대로 박제가는 서자 출신 지식인이었다. 재주는 뛰어났지만 평생을 서자 신분으로 설움을 받으며 살았다고 한다. 사실 북학파에 속한 학자들은 유난히 서자 출신이 많았는데 박제가를 제외하고도 유득공柳得恭이나 이덕무李德懋가 그랬다. 그래서인지 이들은 당대의 지식인들이 감히 하지 못했던 파격적인 주장을 많이 했다.

북학北學이란 북쪽 나라의 학문, 즉 청나라를 배우자는 이야기다. 지금의 시점에서 보면 선진국인 청나라를 배우자는 말이 뭐가 파격적이냐고 하겠지만 박제가가 살았던 조선 후기 사회에선 꼭 그렇지도 않았다. 정묘, 병자년의 전란을 겪은 뒤 조선 지식인 사회에선 반청사상이 아주 팽배해 있었기 때문이다.

북학파는 비록 오랑캐라고 할지라도 법과 제도가 우수하면 적극적으로 수용해야 한다고 주장했다.『북학의』에는 "중국을 배우자學中國"라는 표현이 스무 번쯤 반복해 나온다. 당시 조선 사대부들을 지배하던 관념이었던 북벌론北伐

論에 맞서 북학론을 제시한 것이다. 청나라는 우리가 싸워야 할 대상이 아니라 배워야 할 대상이라는 것이다. 이념과 명분에 사로잡혀 나라를 그르칠 게 아니라 실사구시實事求是의 정신으로 새로운 시대정신을 찾아내자는 주장이었다.

중국어 공용화론과 정보의 개방성

박제가의 생각은 북학파 중에서도 단연 파격적이었다. 동료 사대부들을 두고 '우물 안 개구리', '나라의 좀벌레', '반드시 도태시켜야 할 부류'라며 힐난했다. "천하를 야만족이라 무시하며 자기만 중화中華라고 떠벌인다"는 것이다. 관상감(천문대)을 관리하는 기관의 수장을 해당 분야의 지식이 있는 서양인으로 하자는 주장도 했다. 지금으로 따지면 기상청장을 외국인으로 쓰자는 격이니 조선 사대부들이 얼마나 어안이 벙벙했을까 싶다. 박제가의 이런 주장은 그를 아꼈던 정조조차 "박제가는 송의 왕안석과 같다"라며 감당하기 어려워했다고 한다. 왕안석은 너무 급진적인 정책을 펴다가 실패한 중국 송나라의 개혁가다.

중국 문명에 뒤처지지 않기 위해 중국어를 써야 한다는 주장도 그랬다. 2백여 년 전에 박제가는 중국어 공용화론을 제안한 셈이다. 서자 출신으로 당시의 기득권층과 다른 자유로운 사상을 품었던 박제가의 진면목을 엿볼 수 있는 대목이다.

개방된 사회는 외부의 정보를 신속하게 받아들인다. 그러려면 언어에 제약이 있어서는 곤란하다. 지금 세계의 정보는 영어와 수학, 컴퓨터 언어로 교류하고 있다. 특히 과학 분야에서는 절대적이다. 우리 사회가 세계와 정보를 교류하는 데 소홀해서는 세계 문화를 선도하기 어렵다. 언어의 폐쇄성은 그 분야의 고립을 낳고, 이는 그 분야에서 활동하는 사람들을 가두고 자유를 제약하게 한다. 그 언어를 사용하는 소수는 기득권을 누리겠지만 대다수는 그들 특권층의 이익을 위해 희생을 감수해야 한다. 언어에 제한을 두어 스스로를 고립시키는 우를 범해서는 안 된다.

이명박 정권 초기 한 고위 공직자가 국제화시대에 영어의 중요성을 강조하며 '오렌지'를 발음했다가 여론의 질타를 받은 끝에 자리를 내놓은 바 있다. 민족 고유어에 대한 애착은 북한도 대단한 모양인지 1950년대 북한에서 『북학의』를 번역할 때 한어漢語 편은 아예 빼놓고 작업했다고 한다. 조선은 물론 현대의 남북한에서조차 박제가는 그렇게 꺾이고 만 것이다.

세계화는 구호로 가능한 게 아니다. 물리적, 거리적 장벽을 뛰어넘는 수송과 통신 기술의 발달만큼이나 언어적 장벽을 뛰어넘으려는 노력이 선행돼야 한다. 『북학의』에서 박제가는 건축에 벽돌을 사용하고 교통에 수레를 도입하는 등 구체적인 기술 혁신을 열거한 뒤 중국이 아닌 다른 나라와의 통상도 필요하다고 설파한다. 박제가의 꿈은 조선을 경제발전으로 국민이 문화와 예술을 제대로 향유하는 문명사회로 만드는 것이었다.

더 넓은 세계와 만나라

자신의 정치적 이익을 위해 사람들을 가두려는 세력으로부터 자유를 지키고 자신과 사회를 보호하려면 세계와 교류하는 일에 좀 더 적극적이어야 한다. 국가적으로 많은 나라와 FTA를 체결하고 무역과 자본의 교류를 자유롭게 하며 사람들의 왕래도 확대할 수 있어야 한다. 개인적으로 세계의 뉴스를 보고 세계 유수한 지식인들이 만든 정보를 실시간으로 얻으며, 정보를 주고받는 일은 열린 세계관을 유지하기 위해 필요하다.

국민과 소비자는 본능적으로 그런 선택을 하고 있다. 자신을 가두려는 잘못된 시스템을 피해 더 나은 곳으로 이주하고, 자식들을 보낸다. 온라인으로 세계 석학의 강의도 듣는다. 어리석은 정치인들이 골목 상권을 보호한다며 국민의 선택권을 제한하는 규제를 만들 때도 사람들은 온라인 쇼핑을 늘리고 심지어 해외 직구로 세계와 교류한다.

젊은 사람들은 더 넓은 세상에 나가 도전하는 자세가 필요하다. 세계 최고의 지식이 만들어지는 현장에 가서 몸으로 체험적 지식을 익히며 글로벌 경쟁에서 뒤처지지 않아야 할 것이다. 국내에서 자신을 보호하는 제도 속에서 적당히 안주하는 삶을 살겠다고 꿈꾸는 사람이 있다면, 자신들이 누군가를 가두고 그들을 착취하면서 살아가는 독재자의 삶과 무엇이 다른지 한 번 생각해보길 권하고 싶다.

주 석

제1장 문명과 시장은 동반 성장한다

1 미국 인디애나 에번즈빌 대학교 고대세계문화탐험 함무라비 법전
   http://eawc.evansville.edu/anthology/hammurabi.htm

2 『한서(漢書)』 지리지

3 『삼국지(三國志)』 위지 동이전 부여전

4 『민주주의는 실패한 신인가』 한스-헤르만 호페 저, 박효종 역, 나남, 2004,
   189쪽

5 『세계는 평평하다』 토머스 프리드먼(Thomas Friedman) 저, 김상철 역,
   창해, 2005, p280

6 영국 《선데이타임스》가 2004년 4월 18일 조사한 영국 1,000대 부자 명단

제2장 바다와 도시국가의 시대

7 『국가는 왜 실패하는가』 대런 애쓰모글루 저, 최완규 역, 시공사, 2012

8 『새경제학원론』 안재욱·김영용·김우택·송원근 공저, 교보문고, 2012,

p567~571

9   네이버 백과사전 2013년 통계

10   네이버 백과사전 2013년 통계

제3장   길, 문명과 세계사를 만들다

11   『한국민족문화대백과』한국학중앙연구원, 2008

12   『경제학 인문의 경계를 넘다들다』오형규 저, 한국문학사, 2013

13   『부의 탄생』윌리엄 번스타인 저, 김현구 역, 시아출판사, 2008

제4장   열린사회의 키워드, 개방성

14   『포퍼의 열린사회와 그 적들』신중섭 저, 자유기업센터, 1999

15   『통합: 누구와 어떻게 할 것인가』송복 편저, 북오션, 2013

16   『FTA 통상론』정인교 저, 율곡출판사, 2010

17   『경제는 거짓말을 하지 않는다』기 소르망 저, 조정훈 역, 2008

제5장   반세계화의 어두운 그림자

18   『장하준 식 경제학 비판』박동운 저, 노스보스, 2011

19   『렉서스와 올리브나무』토머스 프리드먼 저, 장경덕 역, 21세기북스, 2009

20   『간결한 경제학 길잡이』짐 콕스 저, 황수연 역, 북코리아, 2011

21   『장하준이 말하지 않는 23가지』송원근·강성원 저, 북오션, 2014

22   『자본주의는 어떻게 우리를 구할 것인가』스티브 포브스 저, 김광수 역,
     아라크네, 2011, p18~20 재구성

제6장   글로벌 시대, 세계로 나아가라

23   『K-POP, 세계를 춤추게 하다』김정호·박시은 저, FKI미디어, 2013, p172

24   『북학의』박제가 저, 안대회 역, 돌베개, 2013

스토리 시장경제
❺

세계화,
열린사회로 가는 길